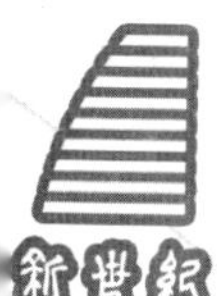

新世纪

新世纪普通高等教育
公共基础类课程规划教材

大学生职业发展与就业指导实务

DAXUESHENG ZHIYE FAZHAN YU JIUYE ZHIDAO SHIWU

主编 李彬源 周勇军 林树生
副主编 雷晶晶 郭 伟

大连理工大学出版社

图书在版编目(CIP)数据

大学生职业发展与就业指导实务 / 李彬源，周勇军，林树生主编. — 大连 ：大连理工大学出版社，2013.8(2016.7 重印)
新世纪普通高等教育基础类课程规划教材
ISBN 978-7-5611-8180-5

Ⅰ. ①大… Ⅱ. ①李… ②周… ③林… Ⅲ. ①大学生—职业选择—高等学校—教材 Ⅳ. ①G647.38

中国版本图书馆 CIP 数据核字(2013)第 196371 号

大连理工大学出版社出版
地址:大连市软件园路 80 号　邮政编码:116023
发行:0411-84708842　邮购:0411-84708943　传真:0411-84701466
E-mail:dutp@dutp.cn　URL:http://www.dutp.cn
大连业发印刷有限公司印刷　　大连理工大学出版社发行

幅面尺寸:185mm×260mm　印张:10　字数:227 千字
印数：7901～9400
2013 年 8 月第 1 版　　2016 年 7 月第 4 次印刷

责任编辑:王晓历　　责任校对:陈晓晓
封面设计:张　莹

ISBN 978-7-5611-8180-5　　定　价:23.80 元

前　言

随着中国高校教育从精英教育阶段进入大众教育阶段，大学生的数量急剧增加，大学生就业问题也日益凸显，大学生就业难已成为不争的事实。

大学毕业生具有较高的人力资本水平，本应是劳动力市场上的优势群体。但由于现有教育培训体系缺乏必要的就业市场需求导向，缺乏对创业行为的深入研究，高等教育培养出来的大学生在知识和技能结构上与人才市场的需求脱节，大学生就业的结构性矛盾日益突出；与此同时，随着全球化的发展与知识经济的冲击，大学生初次就业与持续就业所需的能力门坎逐年提高，大学生必须具备能够满足新经济要求的核心就业能力才能成功发展；再加上大学生受社会转型时期经济收入的分配、社会地位的体现、人际关系的积累等因素的诱惑而产生的从中选择等，大学生就业问题成为政府、高校、企事业单位乃至学生个人必须面对和解决的难题。

要缓解大学生就业所面临的种种问题，需要国家、高校、企事业单位乃至社会各个方面做出努力，同时也需要大学生自身根据就业政策和就业形势调整就业观念，加强社会实践，提高就业能力。在这种背景下，加强对大学生的就业指导成为极其迫切的需求。

大学生就业指导是一项理论性和实践性都很强的教育活动，是做大学生思想引导和实践演练的工作，不同于学校的其他教育形式，有其自身的特点和规律。因此，从教育的基本目标出发，根据当前大学生就业的现实需要，编写科学性、针对性和实用性强的大学生就业指导教材，是当前大学生就业指导服务中迫切需要解决的重要问题，也是大学生就业指导服务实践中必须探索的问题。

为此，我们成立了由李彬源、周勇军、林树生、雷晶晶、周秀梅、刘健、潘雄、郭伟7人组成的《大学生职业

发展与就业指导实务》编写组，编写组成员均为从事大学生思想政治教育和就业指导工作的一线教师。具体编写分工如下：李彬源、林树生、雷晶晶负责策划基本纲目，撰写部分篇章，并完成全书的统稿和审定；周秀梅、刘健、潘雄、郭伟等负责部分篇章的撰写。

本教材的编写参照国务院办公厅《大学生职业发展与就业指导课程教学要求》中相关教学内容的要求，以树立正确的就业观为核心，以职业生涯规划为主线，以就业能力培养为拓展，吸收当前大学生就业指导实践的新经验、新成果，系统阐述了就业形势与政策、就业认知与职业、职业生涯规划、就业准备、笔试与面试、职场适应与职业发展、职业道德、创业基础理论与实践等方面的内容，基本涵盖了全部教学内容。

本教材始终坚持理论与实践、普遍性与特殊性、理论指导与实践指导"三结合"原则，以亲切、自然、交流式的写作方式，结合大量的实例，深入浅出，既有理论概括，又有案例引导，并附有思考题，融理论性、趣味性和新思维于一体，充分体现了系统性、全面性和实用性的特点，不仅是一本针对性很强的大学生就业指导教材，而且是一本实用性很强的学生学习与成长引导手册。希望能通过贯穿大学阶段的课堂教学和实践环节，提高大学生的成才能力、求职能力、职业适应能力和自我提升能力，提升大学生在就业过程中的预见力、应变力及创造力，为大学生就业提供系统化、实用化、全程化的启迪。

在本教材的编写过程中，我们参考和借鉴了许多专家的相关著作，在此，谨向各位专家、学者一并表示感谢。

本教材难免有不足和差错之处，恳请读者在使用本教材的过程中给予关注，并将意见及时反馈给我们，以臻完善。

编　者

2013年8月

所有意见和建议请发往：dutpbk@163.com
欢迎访问教材服务网站：http://www.dutpbook.com
联系电话：0411-84708445　84708462

目　录

第一章 就业形势与政策

迈入21世纪，高校毕业生的就业问题日益凸显，且成为社会的热点问题。大学生的就业问题不仅关系到毕业生本人、家庭，也关系到高校的声誉，更关系到整个高等教育的健康发展。高校的层次和专业结构的不合理成为一项重大阻碍。高校毕业生就业工作关系到经济发展、民生改善和社会稳定，关系到高校的长远发展。面对当前大学生日趋严峻的就业形势，就业指导的作用也日益突出。

第一节　大学毕业生就业现状和形势

随着国家经济体制的改革，计划经济体制已逐渐过渡到社会主义市场经济体制。近年来我国大学毕业生人数逐年攀升，进而出现就业严峻的现状。中国就业市场供大于求的矛盾，短期内不会得到缓解，这是一个不争的事实。高校毕业生是我国宝贵的人才资源，是社会科学发展的生力军，高校毕业生就业仍然是就业工作的首要任务，也关系到社会的稳定。

一、结构性矛盾依然突出

据有关部门统计结果表明，受过高等教育的人口在我国劳动者队伍中所占的比重也就是5%左右，高校扩招并不是造成大学生就业难的主要因素。一方面，不少学校在扩招中采取规模化办学路线，选择办学成本低、容易开办的专业作为扩大招生的突破口，这造成一些专业设置泛滥，人才培养和社会需求严重失衡。另一方面，部分高校毕业生的素质难以适应社会生产发展的需要，部分高校的专业设置落后于产业结构的调整，专业和课程设置具有较大的盲目性，例如，人文、社科专业等。

二、企业吸纳就业人员能力不强

中小型企业和非公有制企业本身的发展需要人才，需要大量的大学毕业生，但它们提供的工资待遇偏低，发展空间较小，部分企业用工不规范，对大学生的吸引力较小。随着经济结构的调整，第一产业将有越来越多的剩余劳动力需要转移，第二产业的一些传统行业吸纳就业人员的能力减弱，第三产业吸纳就业人员虽有较大潜力，但是还需进一步发展，努力开拓。

三、就业需求降低并且入职要求很高

就经济发展背景而言，就业需求量小。具体表现在两个方面：一是中国经济增长率有所降低，加上国际经济持续低迷，导致总体就业需求下降；二是经济结构调整滞后以及外部经济冲击，导致部分行业就业需求降低。

此外，目前部分工作岗位入职门槛高，如法学、教育学或管理学类专业相关的岗位，入职要求较高。法学专业毕业生需要考到律师证，才能从事相关工作；教育学专业入职当教师，需要经过笔试、面试和试讲三关；管理类专业学生则是学习内容过于理论化，与用人单位的实际需求有所脱节。

四、大学生的择业取向和意愿单一化

大部分的高校毕业生倾向于到政府机关、事业单位、世界500强企业和外资企业工作。我国城乡之间经济发展不平衡，经济越发达的地区就业的机会就越多，发展的空间也越大，也导致高校的毕业生倾向于在经济发达的东部省市择业，例如上海、北京、广东、福建等地，却不愿意到经济欠发达的西部地区及偏远地区工作，从而导致在地区方面择业的不均衡。“先就业后择业”的就业观念未能深入高校毕业生的内心。

第二节　大学生就业政策

党的“十八大”明确提出，就业是民生之本。要贯彻劳动者自主就业、市场调节就业、政府促进就业和鼓励创业的方针，实施就业优先战略和更加积极的就业政策。通过对就业进行指导、介绍和培训等服务来使劳动者尽快通过市场完成就业。在大学生就业形势仍然十分严峻的情况下，必须把高校毕业生的就业工作摆在首位。

一、国家政策的大力支持

为了解决大学生就业难，中共中央办公厅、国务院办公厅印发了《关于引导和鼓励高校毕业生面向基层就业的意见》（中办发〔2005〕18号），在通知中指出：要进一步完善鼓励高校毕业生到西部地区和艰苦边远地区就业的优惠政策；要积极鼓励、支持高校毕业生到基层自主创业和灵活就业；要大力支持各类中小企业和非公有制单位

聘用高校毕业生；要探索建立高校毕业生就业见习制度；要逐步实行省级以上党政机关从具有2年以上基层工作经历的高校毕业生中考录公务员的办法；要加大选调应届优秀高校毕业生到基层锻炼的工作力度；要实施高校毕业生到农村服务计划；要大力推广高校毕业生进村、进社区工作；要加大财政支持高校毕业生面向基层就业的力度；要为西部地区和艰苦边远地区基层单位适当增加周转编制；要实行面向基层就业的定向招生制度，认真做好高校毕业生就业信息服务工作；要面向基层经济社会发展需要，进一步深化高等教育改革；要加强对高校毕业生面向基层就业工作的领导；要积极统筹实施“三支一扶”计划、选调生、村官计划、志愿服务计划、服务社区计划，以及基层农村中小学、乡镇卫生院紧缺人才补充计划。积极宣传好、落实好国家和省里制定的各项就业政策，做好服务期满毕业生的就业服务工作，确保优惠政策落实到位，形成毕业生面向基层和生产一线就业的良好氛围。

二、鼓励人才合理流动

为了鼓励高校毕业生的合理流动，国家出台了一系列政策，例如：取消城市增容费、出省费、出系统费和其他不合法、不合理的收费政策。完善未就业高校毕业生的有关政策，档案管理机构对保管其档案免收服务费。学校可根据本人意愿，将其户口转至入学前户籍所在地或两年内继续保留在原就读的高校，待找到工作单位后，将户口迁至工作单位所在地。如有高校毕业生在2年内仍未落实就业工作，则其在校户口及学生档案将被学校、档案管理机构或人才管理中心迁回其入学前户籍所在地。从2009年起，人力资源社会保障部会同教育部、工业和信息化部、国资委、工商总局、全国工商联和共青团中央联合下发《关于印发三年百万高校毕业生就业见习计划的通知》(人社部发〔2009〕38号)，决定自2009年至2011年，拓展一批用人单位并将其规范为高校毕业生的见习基地，实现在3年内使离校未就业的高校毕业生的就业人数达100万。可向当地人力资源和社会保障部门及当地共青团组织咨询。当地人力资源和社会保障部门是就业见习的组织实施单位。

三、自主创业优惠政策增强

在《财政部国家发展改革委关于对从事个体经营的下岗失业人员和高校毕业生实行收费优惠政策的通知》(财综〔2006〕7号)中指出，高校毕业生从事个体经营的，且在工商部门注册登记日期在其毕业后2年以内，自其在工商部门登记注册起3年内免交有关登记类、证照类和管理类费用(5个部门12个项目)，但是要出示毕业证书作为主要依据。

四、就业服务活动多样化

各级社会保障部门要做好高校毕业生毕业半年后未就业且要求就业人员的失业

登记工作，并为他们开展就业服务活动，内容有：a. 制订求职计划；b. 组织见习活动，见习期不超过1年，落实见习补贴，免费提供必要的劳动保障服务和就业指导服务；c. 组织创业培训、开业指导、咨询服务、后续扶持等一条龙服务；d. 技能培训和鉴定；e. 小额贷款；f. 岗位技能对接（帮就业岗位进院校、送技能人才进企业）；g. 整顿市场秩序，维护高校毕业生合法权益（合同、报酬）。h. 根据《关于贯彻落实中共中央办公厅国务院办公厅引导鼓励高校毕业生面向基层就业意见的通知》（劳社部发〔2005〕21号），参加企业养老保险，今后考录或应聘国家机关事业单位，其缴费年限与工龄可合并计算，若在机关事业单位就业后转到企业，工龄可视同保龄。《残疾人保障法》规定，残疾人劳动就业，实行集中与分散相结合的就业方针，国家对残疾人福利性企业事业组织和残疾人个体劳动者，实行税收减免政策，并在生产、经营、技术、资金、物资、场地等方面给予扶持。机关、团体、企业事业组织、城乡集体经济组织，应当按一定比例安排残疾人就业，并为其选择适当的工种和岗位，具体比例由各省、自治区、直辖市人民政府具体规定。对于申请从事个体工商业的残疾人，有关部门应当优先核发营业执照，并在场地、信贷等方面给予照顾。对于从事各类劳动活动的农村残疾人，有关部门应当在生产服务、技术指导、农用物资供应、农副产品收购和信贷等方面，给予支持。

五、高等教育自主办学

要根本解决大学生就业难，必须着力落实和扩大学校的办学自主权，让大学办出个性和特色，提高人才培养质量，形成高等教育和社会经济发展的良性循环。只有大学形成本校的办学特色，才能避免千校一面、千生一面，才能根据社会需求的变动，调节学科、专业、课程的设置，改革人才培养模式。

大学生还需要进一步调整就业观念，能够更加放开眼界、迈开脚步，到更大的地域范围、行业范围放飞梦想。在当前的条件下，确实存在很多现实的困难和障碍限制了大学毕业生到更大范围就业。例如，城乡差距、区域差距、发展环境、工资待遇、家庭影响等。我们需要建立一系列能够激励大学生到中小城市、到基层、到中小企业、到艰苦边远地区就业的政策和机制。

思考题

1. 通过对目前就业形势的了解，你打算在学习过程中做出哪些改变？
2. 针对大学毕业生的就业优惠政策有哪些？你将如何打算？
3. 谈谈高校大学生就业的现状。

第二章 就业认知与职业

就业是民生之本，大学生的就业又是重中之重。大学生的职业选择是由学生到职业人生转变的重要环节，这对大学生自身的职业发展至关重要。目前，大学生应加强就业培训，提高就业意识，避免大学生在职业生涯规划中存在一些知识盲点，对职业知识的系统认知和了解非常重要。

第一节 职业的分类与特征

一、什么叫职业

职业是参与社会分工，是一种谋生手段，是通过正常且合理的渠道来创造物质和精神财富，从中获取适当的报酬来满足自己各方面的需要。职业是一种社会劳动的工作岗位，是人们从事有收入的、相对稳定的社会劳动，是一个人社会地位的一般性表现，也是一个人的权利、义务和职责。

【案例分享】 八类行业 你我挑选

《中华人民共和国职业分类大典》将我国职业分为 8 个大类，66 个中类，413 个小类，1838 个职业。

第一大类：国家机关、党群组织、企业、事业单位负责人（其中包括 5 个中类，16 个小类，25 个职业）。

第二大类：专业技术人员（其中包括 14 个中类，115 个小类，379 个职业）。

第三大类：办事人员和有关人员（其中包括 4 个中类，12 个小类，45 个职业）。

第四大类：商业、服务业人员（其中包括 8 个中类，43 个小类，147 个职业）。

第五大类：农、林、牧、渔、水利业生产人员（其中包括 6 个中类，30 个小类，121 个职业）。

第六大类：生产、运输设备操作人员及有关人员（其中包括 27 个中类，195 个小类，1119 个职业）。

第七大类：军人（其中包括1个中类，1个小类，1个职业）。

第八大类：不便分类的其他从业人员（其中包括1个中类，1个小类，1个职业）。

二、职业的特征

（一）产业性

目前，世界各国通常把各种产业划分为三大类：第一产业、第二产业和第三产业。

（二）行业性

行业是根据生产工作单位所生产的物品或提供服务的不同而划分，它是按企业、事业单位、机关团体和个体从业人员所从事的生产或其他社会经济活动性质的同一性来分类。

（三）层次性

现实生活中，由于对从业素质要求不同及人们对职业的看法或舆论评价不同，不同职业就有了层次之分。

（四）组群性

像科学研究人员中包含哲学、社会学、经济学、医学等一样，无论以何种依据来划分职业都带有组群特点。

（五）时空性

随着社会的发展和进步，职业变化迅速，在旧的职业逐渐消失、新职业不断出现的同时，同一职业的活动内容和方式也会发生变化，所以有些职业具有明显的时代性，不同时代有不同的热门职业。

三、辨认职业

（1）具有职业名称；

（2）具有职业主体，即工作的对象、内容、劳动方式和场所；

（3）具有职业客体，即承担职业所需要的资格和能力；

（4）具有职业报酬，即工作取得的各种报酬；

（5）在工作中存在与部门和社会成员的人际关系。

四、职业的功能

（1）对个人而言，职业具有以下功能：

①是个人经济收入的来源。

②是促进个性发展的手段。当个人从事的职业能使个人的特长、兴趣得到充分

发挥时，也就促进了个性的充分发展。

③个人在社会劳动中从事具体劳动的体现，是个人贡献社会的途径。

④职业也是个人名誉、权力、地位的来源。

(2)从社会角度来看，职业的功能体现为：

①职业存在和职业活动构成了人类的社会存在和社会活动。

②职业劳动创造社会财富，为社会的存在和发展奠定物质基础。

③职业分工是构成社会经济制度运行的主体。

④职业是维持社会稳定，实现社会控制的手段。

⑤职业的运动如职业结构的变化、职业层次间矛盾的解决，也是推动社会进步的一种动力。

五、职业体系

(一)职业与工种、岗位之间的关系

职业是具有一定特征的社会工作类型，它是一种或一组特定工作的统称。我们以往经常使用“工种”、“岗位”等概念来形容它，实质上就是将职业按不同需要或要求进行的具体划分。一个职业一般包括一个或几个工种，一个工种又包括一个或几个岗位。所以，职业与工种、岗位之间的关系是一个包含和被包含的关系，其间有着密切的内在联系。

(二)职业与行业、产业之间的关系

(1)职业所反映的是不同劳动者所从事的不同种类的社会劳动。任何一种职业都可以归属于国民经济中某一产业的某一行业，职业类别也是以产业、行业类型为基础来划分的。因此，由各种各样的职业所构成的职业体系是由国民经济中产业、行业与职业三个层次构成的。

(2)产业是国民经济活动的最基本的类型，产业结构不仅是国民经济结构的基本形式，而且也是职业体系的基石。

按照目前国际上通用的有关产业结构的分类方法，我国将国民经济划分为三大产业：

①第一产业包括农业、林业、渔业、畜牧业。广义上讲农业包括采集、种植、狩猎、捕鱼、畜牧。农业部门的职业，包括农林牧渔劳动者、管理人员、专业技术人员、技术工人等。

②第二产业指广义的工业，包括采掘业、制造业、自来水业、电力、蒸汽、热水、煤气和建筑业等。

工业在国民经济中起着主导作用。随着生产的发展和科学技术的进步，一方面使工业部门越分越细，新的工业部门不断出现，例如，电子工业从机械工业中分离出来，高分子合成工业从石油、化学工业中分离出来；另一方面，也使工业部门之间的生产联系和交换关系更加复杂。工业生产部门之间必须保持一定的比例关系，才能使

整个工业协调发展。

③第三产业是指广义的服务业，包括四大部分：a. 流通部门，如商业、饮食业、交通运输业、邮政电信通讯业、物资供销和仓储业等；b. 服务部门，如金融、保险、房地产业、公用事业、居民服务业、旅游业和咨询服务业等；c. 科教文卫体育部门，如教育、文化、广播电视事业，科学研究事业，卫生、体育和社会福利事业等；d. 机关团体，如国家机关、党群组织和社会团体等。

各种各样的产业、行业和职业，是随着社会分工的发展而变化的。随着科学技术和生产社会化的高度发展，经济结构和生产行业的变化也日益加快，不断产生新的职业，淘汰过时的职业。各种职业对从业者的素质要求也不断提高和变化。面对这种变化，要求每个从业者加强学习和训练，不断充实和更新自己的知识，不断提高自身的素质和技能，以顺应经济和技术发展的趋势。

第二节　如何进行职业选择

大学生的职业选择是由学生到职业人生转变的重要环节，这对大学生自身的职业发展至关重要。

一、选择职业的影响因素

大学生对选择职业还缺乏足够的认识，有些大学生在选择职业时就是按个人意愿来选择；有些大学生不顾自身素质和条件，一味追求社会地位高、待遇好、能满足自我实现需求的职业，提出过高的择业要求，结果导致个人职业选择的失败。大学生在选择职业时必须清楚自己的奋斗目标是什么，要成为一个什么样的人以及实现这一目标需要什么样的知识结构、能力条件、性格特征、身心健康等，这样才能正确择业。关注大学生就业问题，首先要了解大学生职业选择的影响因素，这对促进大学生顺利就业无疑十分重要。职业选择涉及诸多因素，其中最基本的有以下几个方面。

（一）兴趣

大学生在选择职业的时候，一定要首先想好自己喜欢哪种职业，或者是对哪种职业比较感兴趣。如果你是一个喜欢竞争、敢于冒险、善于交际、精力充沛、自信的人，那么你可以选择经理、企业家、商人、政府官员等工作；如果你喜欢从事为他人服务和教育他人的工作，那么你可以选择教师、行政人员、医生等职业；如果你喜欢以各种艺术形式的创作来表现自己的才能，实现自身价值的话，那么你可以选择文学、艺术方面的评论员、编辑、作者、主持人、设计师等职业。一个人如果对所从事的工作不感兴趣的话，那就很难踏上通向成功的大道。

【案例分享】 选自己所选 爱自己所爱

有位名人曾经说过这样一句话：如果一个人能够从事自己所感兴趣的工作，那么，他的人生就像天堂。由此可见，兴趣对人的职业发展至关重要，所以，兴趣是职业选择应考虑的首要因素。一个人如果对某种职业感兴趣，那么，就会对该种职业活动持肯定的态度，从而增强自身的职业适应性，并且积极地探索、思考和追求该项职业，这样工作本身就给你一种成就感和满足感，使你的职业生涯变得更加精彩。有关研究资料表明：如果某项工作正好是这个人喜欢的职业，那他就可能发挥其全部才能的80%～90%，并且能够保持长时间高效率、不疲劳。而对所从事的工作不感兴趣的人，那么只能发挥其全部才能的20%～30%，而且也容易疲倦。

（二）能力

能力是指从事某项工作的能力。能力有一般能力和特殊能力之分，一般能力，主要是指一个人的智力、记忆力、注意力、观察力、思维能力等。一个人职业的发展与能力之间有着一定的直接关系，能力是决定一个人能否进入一份职业的前提条件，同时，也是一个人能否胜任这份职业工作的主观条件。当一个人需要工作时，无论你从事什么样的职业，你都需要一定的能力作为先决条件。如果你不具备从事某种工作的能力，就很难适应工作岗位的要求，从业者的工作能力是选择职业的关键因素。因此大学生在进行职业选择时，一定要对自己的工作能力水平做一个正确的分析，必须分析衡量自身的能力是否与职位相匹配，了解自己究竟具有什么样的能力，然后根据分析的结果找一个适合自己的工作岗位。

【案例分享】 最高理想从来不超过我当时的力所能及

人的一生当中，要从事各种各样的生产活动和社会活动，就必须具备多种能力与之相匹配。例如，一个性格内向的人，不善言辞和交际，但对工作认真细致，从不马虎，如果你他让去从事推销员、导游、广播节目的主持人、律师、公关等工作，那么就恐怕很难胜任这些工作，但是如果要让他从事会计、保管员、统计人员、邮递员、记账员、图书管理员等工作，也许就会做得很出色。一个人的能力不同，对职业选择也就会有差异，德国伟大的作家歌德曾经说过：“在我平生每一个发展阶段或时期，我的最高理想从来不超过我当时的力所能及。”因此，大学生进行职业选择时，了解自身的能力倾向以及不同的职业对能力的要求，这对合理地进行职业选择具有重要的意义。

（三）岗位

选择一个合适的工作岗位，对于一个即将进入社会的大学毕业生来说，是需要慎重考虑的一件大事。在社会分工越来越细的情况下，职业分类越来越细化，按照整个社会生产任务的不同被分解为成千上万种既有区别又有联系的职业，并且每一种职业都可以提供一定量的工作岗位。所以，可供选择的工作岗位是大学生进行职业选择的前提。因此，在当前市场经济条件下，大学生求职要善于去挖掘岗位，去寻找岗位，去发现岗位，不能再等再靠了。

【案例分享】 具体岗位具体分析

如果你具有很强的领导、组织协调能力，那么你就可以往管理型的岗位去寻找工作；如果你具有实际解决问题能力，并且掌握相关的专业技术，那么你就可以往技术型的岗位去寻找工作。

（四）气质

气质是一种心理活动特征，它不以活动内容和目的为转移，是一种能够通过心理活动所表现出来的强度、速度、灵活性、指向性等方面的稳定的心理特征。具有某种气质特征的人，常常在不同内容的活动中都会表现出同样的心理活动特点。因此，在求职择业时必须正确认识自己的气质类型。

【案例分享】 气质没有好坏

人的气质差异是先天形成的，受神经系统活动过程的特性所制约。比如有的孩子刚一出生时，最先表现出来的差异就是气质差异，有些孩子爱哭爱闹，有些孩子平稳安静。气质是人的天性，并无好坏之分，不同气质特征的从业者跟工作岗位对人的气质要求是相对应的，某种气质的人可能适合多种不同的岗位。任何一种职业对从业者的气质特点都有特定的要求，而且有的职业要求很高，如医生、驾驶员、实验员，如果你是一个粗心大意的人，那绝对是不适合的。

（五）信息

信息是求职者不可缺少的，它是职业选择的前提和依据。职业信息的主要内容包括职业的需求和供给、工作条件、工作责任、工作环境、工作前景、薪酬、工作地点、福利待遇等。求职者如果掌握的信息量越大、越全面，那么你就比别人拥有更大的主动权，也有助于求职者选择更合适的职业。如果你的信息闭塞，那就会盲目地找工作，缺乏针对性，这样的话，往往会产生事倍功半的效果。

【案例分享】 职业选择实质上就是“人业互择”

职业选择实质上就是“人业互择”，也就是说，大学毕业生可以有自己的主观选择，选择自己需要或者想要从事的职业，那就是人对职业的选择，另外，职业也可以选择大学生，就是认为某个职业某毕业生能够胜任，或者是某个职业只适合某种专业的毕业生，这就是一种客观的选择。只有“人业互择”基本一致的时候，才能产生最大的社会效益和经济效益。

二、选择职业的一般性原则

职业选择是个人正式步入社会的第一步，同时也是作为一个社会新人步入社会的新起点，是每个人的人生所必不可少的一个重要环节。选择正确的职业将会使个人的职业生涯变得妙趣横生，同时也是实现人生价值的关键所在。

（一）择世所需

择世所需即要考虑到社会的需求，任何一个职业的产生、发展、衰退、消亡都是由社会需要的变化引起的。因此，大学生在进行职业选择的时候，不仅要服从社会需要的就业理念，还要了解当前社会职业需求状况，然后把自己的职业要求和社会经济发展的需要紧密联系起来，不要一味地追求眼前的热门职业，这样可能导致长远职业选择的失误。

（二）择己所长

择己所长即要符合自身的客观现实，在就业竞争中，各种职业都对从业者有一定的要求，大学生必须学会在与竞争者的比较中认清自己的长处和短处，也就是竞争的优势和劣势。因此，在选择职业时，应对每种职业及其对从业者的素质要求有所了解，然后在这个基础上按照“择己所长，扬长避短”的原则来进行职业选择。

（三）善于鉴别

一般来讲，从事每个不同职业所需的各类条件是有主次之分的，每个人在进行职业定向时也是需要从多方面因素考虑。在多数情况下，当劳动者个人的各项素质符合从事某种职业的主要条件，并且这种职业又具有能满足劳动者职业理想和职业生涯规划的主要因素时，在这样的情况下，职业选择容易获得成功。因此劳动者个人素质上的某些不足可以在工作中不断改进；而所从事的职业中不符合个人理想的次要因素，也可以通过符合个人理想的主要因素的实现得以弥补，从而改善自身的综合素质，以此来提高各方面能力。

（四）有用武之地

选择的职业要利于发挥个人才能和促进自身素质的全面发展。职业生活是每个从业者的人生中最重要的部分之一，是个人成长的方向和个性发展的重要因素之一。在择业时，除了考虑以上三个原则外，也要考虑即将从事的职业能使自己的才华得到施展。

第三节　就业的主要形式

劳动力和其他生产要素之间不同的结合形式决定了就业的具体形式。

（一）按城乡划分

自从 1958 年《中华人民共和国户口登记条例》开始实行以来，我国就业就有城镇就业和乡村就业之分。

（二）按产业划分

产业是国民经济活动的最基本类型，产业结构不仅是国民经济结构的基本形式，而且也是职业体系的基石。因此就业可以分为第一、第二和第三产业就业。国家统计局印发了《三次产业划分规定》(国注字〔2003〕14号)。

(三)按灵活和稳定程度划分

灵活就业是指一般无固定场所、无固定雇主和服务对象、无固定劳动关系、无稳定收入、无社会保障的小规模经营的就业形式。灵活就业形式可划分为:非全日制就业、短期就业、派遣就业、季节就业、待命就业、兼职就业、远程就业、承包就业、独立就业、自营就业、家庭就业11种就业方式。此外,国外通常把短期就业、派遣就业、季节就业、待命就业4种就业方式统称为临时就业,而且这4种就业方式中都存在全日制和非全日制两种工时制度。

(四)按劳动力利用的饱满程度划分

按劳动力利用的饱满程度划分可分为充分就业和不充分就业。充分就业是指愿意并有能力工作的劳动年龄男子和妇女能够得到有报酬的、自由选择的、生产性就业的就业水平;不充分就业是指有就业愿望和能力的劳动年龄男子和妇女不能充分得到有报酬的、自由选择的、生产性就业的就业水平。不充分就业是劳动力资源利用不充分的表现,可以看做是隐性失业。

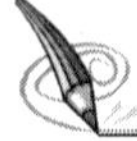

思考题

1. 职业选择的影响因素有哪些?如何提高职业选择的质量?
2. 大学生就业主要有哪些形式?你将如何选择就业形式?
3. 如何应对大学生严峻的就业问题?如何能够让你更好地就业?

第三章 职业生涯规划

人的一生中，会有快乐、成功和幸福，也会有崎岖、失败和不幸。职业，在人的一生中占据着重要位置，职业生涯是人一生当中重要的一段生涯。职业生涯规划最初起源于1908年的美国，有“职业指导之父”之称的帕森斯针对大量年轻人失业的情况，首次提出“职业指导”的概念，到了20世纪五六十年代，舒伯等人又提出“生涯”的概念，并将生涯的过程视为从出生到死亡。

第一节 职业生涯规划概述

职业生涯的理论在20世纪90年代中期才传入我国，虽然大多数父母在其子女很小时就会替子女“规划”未来，为子女报钢琴、书法等兴趣班，但此“兴趣”并非孩子真正的兴趣，这种规划不是职业生涯规划。

一、职业生涯规划的含义

职业生涯规划(Career Planning)的含义，尽管不同的学者对它从不同的角度进行了界定，但总体来讲，它是个人根据自身的兴趣、特点、能力，结合周围环境，确定个人奋斗目标，并为实现这一目标做出的一系列的安排。换言之，职业生涯规划就是，你以后想从事什么样的职业，希望达到什么样的成就，怎样通过你的学习和工作达到你的目标。职业生涯规划是实现理想的重要途径，是对个人前景的展望，是个人品牌塑造的过程。职业生涯规划可分为：长期规划、中期规划和短期规划。

【案例分享】 坚持梦想 终放光芒

2013年4月22日，周杰伦走进北京大学百年纪念讲堂，作了“我们的梦想与坚持”的演讲，有一句话感动了很多人，他说：“如果有一天你们累了，听到《简单爱》会觉得温暖，那我就没有白白在你们的青春里经过……”。周杰伦，出生于一个普通的教师家庭，但他的音乐席卷了整个华语地区，他是流行乐坛的巨星。

成功的路上绝对没有偶然。纵观周杰伦的职业培养期，有三点特别引人注目。

首先是他对音乐的热爱和投入。在音乐世界里，他忘却了父母离异、成绩不好等所有的青春期的常见烦恼，自信、健康地成长。第二是高中时代选择读音乐班，这是一个很重要的职业生涯规划。在职业培养期，他选择了发展自己的天赋，没有被“大而全”的教育模式平庸化。三是在餐厅当侍应生期间，坚持听歌、练琴、写歌，他明智地选择了先就业再择业，先养活自己，慢慢培养自己的能力，等待在最高平台展示的机会。

二、职业生涯的几个发展阶段

一个人的职业生涯贯穿一生，是一个漫长的过程，科学地将其划分为不同的阶段，明确每个阶段的特征和任务，做好规划，对更好地选择自己的职业、实现自己的人生理想至关重要。不同的学者对阶段划分不同，下面主要介绍三种常见的职业生涯阶段理论。

(1)美国生涯发展大师萨珀(Super)将人生职业生涯发展划分为成长、探索、建立、维持和衰退五个阶段。

①成长阶段(0～14 岁)：成长阶段属于认知阶段。在这个阶段，孩童开始发展自我概念，学会以各种不同的方式表达自己的需要，且经过对现实世界不断地尝试，修饰他自己的角色。这个阶段发展的任务是：发展自我形象，发展对工作世界的正确态度，并了解工作的意义。

②探索阶段(14～25 岁)：探索阶段属于学习打基础的阶段。该阶段的青少年，通过学校的活动、社团休闲活动、打零工等机会，对自我能力及角色、职业作了一番探索，因此选择职业时有较大弹性。这个阶段发展的任务是：使职业偏好逐渐具体化、特定化并实现职业偏好。

③建立阶段(25～44 岁)：建立阶段属于选择、安置阶段。由于经过上一阶段的尝试，不合适者会谋求变迁或作其他探索，因此该阶段较能确定在整个职业生涯中属于自己的职位，并在 31 岁至 40 岁，开始考虑如何保住该职位并固定下来。这个阶段发展的任务是统整、稳固并求上进。

④维持阶段(45～65 岁)：维持阶段属于升迁和专精阶段。个体仍希望继续维持属于他的工作职位，同时会面对新的人员的挑战。这一阶段发展的任务是维持既有成就与地位。

⑤衰退阶段(65 岁以上)：衰退阶段属于退休阶段。由于生理及心理机能日渐衰退，个体不得不面对现实从积极参与到隐退。这一阶段往往注重发展新的角色，寻求不同方式以替代和满足需求。

(2)美国组织行为学家霍尔(Hall)提出了三阶段的职业生涯发展理论。

①职业生涯早期的任务需求主要是培养行动技能或某一专门技能，培养创造和创新的能力；社会情绪需求是支持、自主、处理竞争感受。

②职业生涯中期的任务需求是培养训练和教育他人的能力，进行训练和技术的整合，转换需要新技能的工作，培养对工作和组织的宽广视野；社会情绪需求是表达

中年感受，重新思考自我，减少自我放纵或者是恶性竞争，支持并设法解决中期职业生涯的压力。

③职业生涯后期的任务需求主要是角色的转变，从实际掌权者逐渐转变为提供智慧、指导和咨询、顾问的角色，开始参与组织外的活动，重新建立自我并准备退休；社会情绪需求是整合个人的经验和智慧，提供给别人参考，接受个人特定的生命旅程，逐渐离开组织。

(3)根据我国实际，我国专家提出职业生涯主要包括职业准备期、职业选择期、职业适应期、职业稳定期、职业衰退期五个阶段。

①职业准备期，多为24岁之前。这个时期的主要任务为知识储备，在完成学业的基础上对社会做一些了解。越过这一阶段过早地进入到职业生涯，是不可取的。

②职业选择期多发生在24～27岁，走上社会，选择了第一份相对稳定的工作作为事业发展的起点。这个时期的主要任务为充分认识自我和分析环境，设定人生目标，制定职业生涯规划。

③职业适应期在27～32岁，为进入工作岗位的头五年。这个时期的主要任务为学会如何做事，学会与人相处，学会有目的有方向地学习，学会如何被同事和环境接受。

④职业稳定期，应在32～45岁。这是职业生涯中发展自我、成就事业的宝贵时期。这个时期的主要任务是适时调整和修正自己的职业目标，以达到事业高峰。

⑤职业衰退期，多为45岁以后，这是事业收获和享受人生的时期。

三、职业生涯规划的特征

(一)职业生涯规划具有独一性

职业生涯规划是根据自身特质和所处的外部环境来制定的，具有独一性特征。这是因为，个人的家庭环境、教育水平、经历不同，会造成性格、兴趣、能力等的差异，根据这些因素设计出来的职业生涯规划是独一的、适合个体的。世界上没有两片相同的叶子，职业生涯规划也是如此，对于个体来讲，它是独一无二的。

(二)职业生涯规划具有预期性

所谓"规划"，就是提前安排。职业生涯规划并不是不着边际地幻想，而是在综合个人内外等各方面因素的基础上做出的有计划的、预期性的自我安排和设计，是对未来职业生涯和职业目标的预测。

(三)职业生涯规划具有发展性

所谓"计划赶不上变化"，随着周围环境的变化，接触不同的事物和自身思想不断成熟，职业生涯规划应有弹性，必须适时调整，以使自己的职业生涯规划达到最优、最适合自己。职业生涯规划是不断发展、不断变化的。

（四）职业生涯规划具有持续性

人的职业生涯是一个渐进、变化、持续的过程，职业生涯规划也应如此，应贯穿我们职业生涯的全过程，通过不断调整和持续安排，来完成我们的职业生涯目标。

四、职业生涯规划的意义

（一）职业生涯规划能帮助人们明确未来的奋斗目标

俗话说："凡事预则立，不预则废"。如果没有职业生涯规划，犹如走路没有方向，人就容易走弯路，浪费许多宝贵的时光；而制定了科学的职业生涯规划，能帮助人们明确自己的奋斗目标，明确奋斗的方向，使自己的才能得到充分发挥，同时也有助于我们有条不紊、根据轻重缓急来有效安排日常工作，提高工作和学习效率。

（二）职业生涯规划能帮助人们认清形势和提高效率

职业生涯规划的制定要综合各方面因素。一份好的、科学的职业生涯规划，会引导你评估个人目标和现实之间的差距，帮助人们认清社会形势和社会现实。同时，一旦职业生涯出现挫折，由于早有规划，你也不至于慌乱，职业生涯规划会使你运用科学的方法，采取可行的步骤与措施，提高职业成功几率。

（三）做好职业生涯规划有利于个性发展和提升个人素质

人们在进行职业生涯规划时，必须对自己进行评估，正确认识自身的个性特质，综合优、劣势等，从而确定职业生涯目标。在竞争激烈的现代社会，一个人越清楚了解自身的资源与优势，明白如何根据个人的核心优势去制定未来发展道路，即职业生涯规划，那么他必然离成功越近。在充分认识自我后确定的职业生涯规划，能帮助你提前预见困难和障碍，做好应对的心理准备，可以提高抗压受挫能力，同时会帮助你重新定位自己，最大限度地发挥自身潜能，使优势得到进一步发展。

（四）做好职业生涯规划能提高个体需要层次

美国著名人本心理学家马斯洛提出需求层次理论，指出人的需要像阶梯一样由低到高，按层次逐级递升，即生理需要—安全需要—社交需要—尊重需要—自我实现的需要。

人的大部分人生需求都要通过职业生涯来满足。职业生涯，不但可以满足人基本的生理和安全需要，而且可以通过个人自身潜能的发挥，满足社交、尊重和自我实现的需要。相对而言，人的综合素质越高，精神需求就越高，对职业生涯的期望也就越大。通过科学、合理地规划职业生涯，就会使我们的快乐最大化，提高我们的需要层次。

五、职业生涯规划的原则

正确的职业生涯规划能使一个人朝成功之路迈进，而不正确的职业生涯规划有可能使一个人误入歧途。为了正确地制定职业生涯规划，人们必须遵循一些原则。

(一)客观原则

职业生涯规划的客观原则表现在，不同的人，适应不同的行业和岗位，进行职业生涯规划时必须客观地认识自我和评价自我。要通过科学的方法和手段，对自己的性格、能力等进行全面认识，清楚自己的优势与特长、劣势与不足，客观地了解自身性格与职业的匹配，才能有助于你找到合适的工作。例如，一个安静、内向、敏感、不善言辞的人，去从事销售行业，他一定感觉无所适从；一个充满创造力、想象力、自由不羁的人，去从事办公室坐班工作，他一定浑身不适；还有些人，因为某些工作看起来光鲜亮丽所以从事它，在实际工作中，发现它与想象的很不一样，或者根本不喜欢它、驾驭不了这份工作。客观地认识和评估自我显然是制定职业生涯规划的基础。

职业生涯规划的客观原则还表现在，要基于社会需求和现实形势，对行业现状和发展前景要有比较深入地了解。当一个人的就业意愿得不到社会和现实的满足时，要适时地调整。

(二)主动原则

只有积极主动的人才能在瞬息万变的竞争环境中成功，只有善于展示自己的人才能在工作中获得真正的机会。从一个只有初中学历的保安到中央电视台著名新闻主播，赵普正是凭借积极主动地抓住每次机会，实现了他人生的大飞跃。

人们在进行职业生涯规划时也应如此，要主动出击，为自己负责，表现在通过各种手段和渠道主动地学习，完善自我，提高自己的素质，在就业前掌握一定的职业技能，并充分搜集、利用身边资源，为此后在职业竞争中获得成功打下基础。积极主动，表现了人一种向上、进取、乐观的生活态度，是个人创造机遇、把握自己命运的一种方式。

【案例分享】 职业生涯规划中的主动原则

(1)主动学习。包括主动学习专业基础知识，掌握专业技能；主动向成功人士或有经验的人学习，积累先进经验；主动参加各种职业技能培训，为就业创造专业、职业素质条件。

(2)主动就业。包括主动参与职业岗位竞争，主动与用人单位进行联系，积极推荐自己；主动寻求各方帮助，多方面开拓门路；主动开拓就业岗位等。

(3)积极准备就业。包括主动地了解人才供求信息，积累各种行业知识，以备未来的职业选择；主动准备好求职信，主动做好面试等方面的准备。

(三)主次原则

职业生涯规划的主次原则要求我们在进行职业生涯规划时，要抓住主要的、现实的、合理的条件，抛弃次要的、幻想的、过分要求的因素，不要“捡了芝麻丢了西瓜”，这是因为死抱着那些次要的、不切实际的条件不放，要求面面俱到，过于追求完美，会丧失很多就业机会，甚至错过真正的好职业。

人的职业选择是一个取舍的过程，职业生涯规划更是如此。在现实生活中，摆在人们面前的职业选择很多，但没有一个是十全十美的，如果我们不能权衡利弊，搞不清楚什么是主，什么是次，忽视本该重视的，而重视本该忽视的，那么终将本末倒置，使职业生涯规划误入歧途。

（四）长期性原则

林书豪是大家非常熟悉和喜欢的美国职业篮球运动员。这个篮球小子的经历并非一帆风顺，在周围人并不看好、不断被篮球教练拒绝、遭受种族歧视的情况下，他依然坚持了下来，用自己的行动证明了那句话：追求永恒的快乐，而不是输赢的快乐！

职业生涯规划不是百米冲刺，而是马拉松。在职业生涯中，一定要从长远来考虑，着眼于大方向，同时规划一定要明确、全面，保持连贯，考虑到可变因素，视具体情况予以修正，切不可半途而废。有了长期性原则，职业生涯规划就会变得清晰起来，最终使进行职业生涯规划的人走向成功。

六、职业生涯规划的简单步骤

（一）知己——自我分析

首先要认识自己、了解自己。分析的内容包括性格、兴趣爱好、能力、价值观、思维方式、智商、情商、身体状况、学识技能、专长等。对自己有个全面的了解，才能对你适合的职业和职业生涯目标有一个合理的选择。很多成功人士的经验告诉我们，如果你充分了解自身，根据自身的长处选择职业，就可以将自己的优势发挥得淋漓尽致；反之，即使你费了九牛二虎之力，也是难以补拙。

（二）知彼——生涯机会评估

每个人都处在一定的环境中，离开了环境，人便无法生存与发展。生涯机会评估主要是评估各种环境因素对自己职业生涯发展的影响。在制定个人职业生涯规划时，要充分考虑环境因素，认真评估环境的特点，自己在环境中的地位，环境的有利、不利条件，只有这样，才能够避害趋利，更好地完成个人职业生涯规划。环境因素评估一般包括：政治环境、社会环境、经济环境、家庭环境。

职业生涯规划中，常用的分析法是 SWOT 分析法。S 代表优势 strengths，即要清晰地知道自己的优势是什么；W 代表弱势 weaknesses，即更要清晰地知道自己的短处是什么；O 代表机会 opportunities，即分析机会因素；T 代表风险 threats，即分析存在的风险。

（三）职业生涯目标和路线的设定

充分认识自己、评估了环境因素后，就可以对个人的职业生涯目标和路线进行设定。

目标是行动的导航灯，有了目标，便有了人生奋斗的方向。一个人事业的成败，很大程度上取决于有无正确、适当的目标。目标的设定取决于自身最佳才能、最大兴趣、最有利环境等。职业生涯规划目标按时间分，可分为终生目标、长期目标、中期目标和短期目标。

选择了职业生涯目标后，就可以选择从什么方向来实现自己的目标，即职业生涯规划路线的设定。职业生涯规划路线的设定主要考虑三个方面：我想往哪一路线发展？我能往哪一路线发展？我可以往哪一路线发展？

（四）职业生涯策略的实施

在职业生涯目标确定、职业生涯路线选择以后，行动的落实便成了关键因素。职业生涯策略的实施，指通过参加各种理论学习和实践活动，积累知识，提高素质。

（五）职业生涯规划的反馈与修正

随着周围环境的变化、接触不同的事物和自身思想不断成熟，职业生涯规划必须适时调整。调整规划并非要你放弃自己的追求，而是让自己的规划更适应社会，更适应现实，更适合自己。在我们职业生涯中，当出现各种与预期不一样的结果时，多问问自己：下一步我要做什么？下一步我该怎么做？通过不断地调整和修正，使自己的职业生涯规划最优、最切合实际。

第二节　大学生职业生涯规划

一个人选择什么样的生活，是由自己决定的，要想拥有成功的职业生涯，实现自己的人生价值，就应该科学规划自己的职业生涯。目前，我国的职业生涯规划主要集中在高等教育阶段。对于大学生而言，他们正处于生理上的黄金时期，他们充满活力，精力旺盛，对未来充满憧憬，但又缺乏社会经验，同时他们也面临着时代的变革，由服从分配到自主择业，从“天之骄子”到“天之焦子”。对于当代大学生来说，职业规划越早越好，从上大学的第一天起，你们就需要对自己的职业志向进行计划、准备和尝试。

一、大学生职业生涯规划的含义

大学生职业生涯规划是指学生在大学期间进行系统的职业生涯规划的过程。它包括大学期间的学习规划、爱情规划和生活规划，职业生涯规划的有无及好坏直接影响到大学期间的学习生活质量，更直接影响到求职就业甚至未来职业生涯的成败。

【案例分享】 起点不重要，终点靠自己

林某是一名名牌大学的毕业生。在读研究生期间，他在某世界500强公司打工，做的都是清洁工的活，擦桌子、打扫厕所等，但他却毫无怨言。有一次，工作人员与他交谈时，才发现他原来是个在读研究生，于是问他有些整理文件的杂活，愿不愿做，他二话没说接了下来。由于他工作出色，勤奋刻苦，别人给他的任务越来越多，越来越信任他。等到林某毕业，便成了这家公司的正式员工。回顾这一段经历，林某说："人，必须要有自己的判断，找到一条适合自己的道路，然后坚持走下去。"

二、当代大学生职业选择中存在的问题

（一）期望值偏高

面对节节攀升的毕业生人数，社会能够提供的就业机会并没有像毕业生人数那样出现跳跃式的增幅，毕业即失业的大学生人数逐年增加。但大部分家长和学生的择业观念仍然停留在精英教育阶段的较高定位，认为上了大学就应该成为白领，坐办公室，领高薪，希望高投入可以获得高回报。同时由于中国当代家庭教育理念的偏差，使得他们害怕吃苦，追求物质享受，不少大学生只盯住"三大"（大城市、大企业、大机关）、"三高"（高收入、高福利、高地位）单位，很少有人主动去欠发达地区。

（二）抗压受挫能力差

抗压能力指的是在外界压力下处理事务的能力。对于当代大学生来说，他们从小在父母、家庭的庇护下，过着"衣来伸手、饭来张口"的生活，刮风了有人帮忙挡风，下雨了有人帮忙遮雨，从未独立处理过事情。而他们择业期望值又普遍偏高，缺乏实践经验，加之心理准备不足，在求职过程中稍微遇到挫折和失败，就容易产生焦虑、偏激甚至抑郁的心理。不经历风雨，怎能见彩虹，只有在压力之下，才能越挫越勇。

（三）择业凭感觉且依赖性强

绝大多数中国学生从小只知道学习书本知识，很少有时间思索自己的兴趣爱好，对社会也缺乏必要的了解，而大多数的中国家长包办孩子一切，导致很多人不能正确处理职业发展问题，在择业时大多凭感觉，依赖他人，轻易、频繁跳槽。具体表现在：职业选择时，注重主观感受，凭直觉和主观感受做出判断；没有主见，依赖父母、老师、朋友的意见来进行自己的职业生涯规划。

三、大学生进行职业生涯规划的意义

（一）职业生涯规划帮助大学生确定职业发展目标

规划自己的职业生涯，使职业目标和实施策略了然于心，职业生涯规划犹如给了

大学生一个看得见的射击靶，通过职业生涯规划，找到适合的职业；同时还对大学生起到内在的激励作用，使大学生产生学习、实践的动力，激发大学生为实现自己的目标而不断进取。

（二）职业生涯规划培养大学生独立意识和能力

在就业的十字路口，很多大学生茫然无措，不知何去何从。这是因为，很多大学生缺乏主动、独立择业的意识和能力。选择职业究竟是该听自己的，还是听家人的？选择职业究竟是为了自己，还是为了家人？高薪高待遇的职业就是最好的，还是适合自己的才是最好的？

职业生涯规划可以帮助大学生更好地了解自己，了解你所面对的外部世界，在客观、准确地分析了自我、环境等因素后，依照自己的职业期望和兴趣，凭借自身能力，独立自主地制定一个既符合自己特点，又满足社会需要，同时又能够实现的目标。

（三）职业生涯规划提升大学生应对竞争的能力

当今社会到处充满着激烈的竞争。物竞天择，优胜劣汰，适者生存。要想在激烈的竞争中脱颖而出并保持立于不败之地，必须设计好自己的职业生涯规划，做到心中有数，不打无准备之仗。职业生涯规划就像一座灯塔，有了清晰的认识与明确的目标之后，我们前进的道路上就会少些阻碍，为成功打下基础。

四、大学生进行职业生涯规划的基本要求

很多人把大学比喻成“象牙塔”，我觉得与其说大学是一片圣土，还不如说大学是一个舞台，是一个人生大舞台，是一个属于自己的舞台。在这个舞台上，你既是导演，也是演员，要怎么导怎么演，都由你说了算。每个大学生，从踏入校门的那一天起就应该知道，要想在大学这个大舞台上好好施展自己的才华，好好表现自己，不让年华虚度，首先要写好剧本，进行职业生涯规划。大学生进行职业生涯规划，需要注意以下几方面要求。

（一）职业生涯规划必须符合时代和社会发展的需要

在规划职业生涯时要根据社会需求，把握社会动向。这是因为，进行职业生涯规划，必须处于一定的环境中，即处于社会这个大环境中，大学生在进行职业生涯规划时，只有认清事实，把握时代脉搏，适应社会发展需要，才能成为真正的有用之才，才能真正实现自身的价值。

（二）职业生涯规划必须与学习相结合

知识的积累是成才的基础和必要条件。在大学阶段，大学生的学习不仅仅是课堂内的所学，除了要掌握宽厚的基础知识和精深的专业知识外，还要博览群书，多方面涉猎，拓宽专业知识面，掌握或了解与本专业相关、相近的若干专业知识和技术，以便触类旁通。

(三)职业生涯规划必须与提高自身综合修养相结合

这里的修养,包括知识修养、品德修养和身体修养等。一个人的修养,体现一个人的魅力。一个人如果满腹经纶、才华横溢,但品行不佳,身体状况差,那么这个人也是无用之人。现在用人单位越来越注重一个人的修养素质,大学生在进行职业生涯规划时,除了要提高知识修养外,还要注意修身养性,增强身体素质,促进身心健康。

品德修养具体表现在:忠于自己的事业、用心做事,谦卑待人、勤勤恳恳,诚实守信等。身体修养着重要从这几个方面引起注意:生活习惯、生活节奏、清洁、饮食、服饰、起居、运动。

五、大学四年职业生涯规划实施策略

有人曾经这样形容大学四年:"大一,不知道自己不知道;大二,知道自己不知道;大三,不知道自己知道;大四,知道自己知道。"大学四年,每个学年的学习重点和自身成长特点不同,如果大学四年,有了具体可行的规划,那么同学们在学习时就会有自己的方向,不会"不知道",茫然地混日子了。下面简单介绍一下大学四年生涯规划实施策略,供大家参考。

(一)第一年:小雏新生

怀着希望和憧憬,你们进入大一,开始你的大学生活。大学,对你们来说,是新鲜和陌生的。作为新生,你们要全面审视自己,挖掘自己的潜力。

(1)尽快完成从中学生到大学生的角色转变,努力适应大学生活。

(2)积极参加集体活动,通过各种学生组织、比赛、课外活动等来发展和完善自己的兴趣与爱好,并建立新的人际关系圈。

(3)树立职业规划意识。思考有哪些职业与自己所读的课程、专业相吻合,通过互联网、报纸杂志和访谈等渠道了解这些职业。

(二)第二年:雏燕初飞

你已经适应大学生活,对自己所学专业有了一定了解。大二是获取知识的黄金时间。进入大二的你们,要注重提高自身综合素质,为你将来的职业选择加码。

(1)虚心请教学长或校友,继续发现和搜集你感兴趣的职业发展领域的信息,拓展你在职业选择方面的知识。

(2)建立合理的知识结构,注重专业能力的培养。

(3)继续积极参加集体活动或工作,培养自己的组织协调能力和团队合作精神。

(4)利用寒暑假,进行一些兼职、实习工作,积累一定的职业经验。

(三)第三年:羽翼渐丰

大三是大学重要的时期,决定你在就业时能否给自己交一份满意的答卷,给人留下一份深刻的印象。

(1)加强专业知识学习的同时,考取与职业目标相关的职业资格证书。

(2)增强兼职、实习的职业针对性,积累对应聘有利的职业实践经验。

(3)提前参加校园招聘会,与用人单位招聘人员进行沟通。

(4)学习求职技巧,学会制作简历、求职信,了解面试技巧和职场礼仪。

(5)检查当下与毕业后目标的差距,及时采取纠偏措施,为大四目标的顺利完成打下坚实的基础。

(四)第四年:展翅翱翔

进入大四,你将面对从大学校园到社会或者更高一级学习的转变,将检验你们在大学期间所学的知识、技能。

(1)留意学院招生就业部发布的通知和招聘单位网站等重要的招聘渠道,利用一切可以利用的机会拓展求职的渠道,不要遗漏关键的招聘信息。

(2)了解劳动法规和政策,学会保障自己的劳动权益。

六、大学之道,在于学习

有了合理的职业生涯规划,学习变得尤为重要。每一个大学生都应掌握以下七项。

(一)学习基础知识,掌握自修之道

内在的知识储备不可缺少。初入大学的你们,不管是学习什么专业,一定要记住,数学、英语、计算机,这三门课是大学里的基础课程,是人人都需要具备的基本功。只有把基础知识学习好,才能进一步学习更高深的知识。

曾经有同学抱怨,学校在课程安排上不合理;老师教得不好,讲得太快,上完课就消失得"无影无踪"。没错,上中学时,老师会一遍又一遍地重复上课内容,而到了大学,老师只会充当引路人的角色,学生必须在课前认真预习,课堂上对照老师的讲解弥补自己认识和理解上的不足,课后自我消化课堂知识,学生必须学会自我学习,独立思考。大学,更多的是要求你"理解"知识。所以,在进入大学时,你们务必要掌握自修之道。

(二)培养兴趣爱好,开阔自身视野

一个人的兴趣爱好,可能对其一生有重大影响,甚至决定一个人的职业选择和事业上的成就。例如,某些艺术家、运动员、科学家,在童年时期就对相应的艺术、体育、科学活动产生兴趣爱好,并显露出这方面的才能。

兴趣爱好是环境影响和后天培养的结果。兴趣爱好的培养,要靠不断尝试,不断参加实践活动,开拓自身视野来完成。

(三)参与集体活动,学会积极主动

初入大学,面对七彩纷杂的新环境,新生除了学习知识外,还需要注意,尽快融入

新集体，参与集体活动。参与集体活动，不但会使你尽快消除初到新环境的孤独感，使你在新集体中感受到关爱、乐趣，而且会让你个人的才能、才华、特长得以施展，得到他人肯定，增加自我信心，实现自我价值。当然，在集体活动中，切忌“等待”，而应“主动”，主动帮助同学、服务同学，主动展示自我、表现自我，主动与同学、集体成员打成一片。

（四）学习为人处世，开拓人际关系

美国哈佛大学行为学家皮鲁克斯曾说过：“做人是做事的开始，做事是做人的结果”。成事之人往往都有一颗谦虚谨慎的心。进入大学，你一定要学会与老师、同学处理好关系，只有这样，才能保证你进入社会后，能自如与同事、客户、上司打交道，才能让自己的工作更舒心，才能保证自己的工作有一个好的进步空间。

学会做人，要学会以下几点：

（1）爱国守法，尊敬师长，爱护公物等。

（2）乐于助人。

（3）常与他人保持合作，并从中得到乐趣。

（4）学会与别人一起分享喜悦。

（5）保持幽默感，保持一颗童心。

（6）尊重弱者，学会宽恕别人。

（7）学会与任何人愉快相处。

（五）理性对待爱情，做到慎重自重

校园爱情是大学生活中重要的一课。恋爱问题如果处理得当，可以促进学生的发展，使学生学习努力，成绩上升；而如果处理不当，则有可能分散精力、情绪波动、浪费时间、成绩下降。所以，一定要理性对待爱情。

初入大学的你们，在面对爱情问题时，一定要明白：（1）爱情，不是生活的必需品；（2）要处理好爱情与学业的关系；（3）要发展健康的恋爱行为，希望你们能做到男生慎重，女生自重。

（六）提高动手能力，做到实践贯通

21世纪，人们对人才的要求越来越高，要求既能讲出科学道理又能动手干出样子。实践出真知，“读万卷书，不如行万里路”，动手能力对大学生尤为重要。学生可充分利用实习、社会实践、勤工俭学机会提高自己的动手能力。

（七）分清轻重缓急，做时间的主人

进入大学，你会发现，你的课余时间多了很多，那要怎么合理利用这些时间呢？

大学生要学会合理安排自己的时间，做时间的主人。要学会分清轻重缓急，始终做最重要的事、最急的事，只有这样，你才能够在有限的时间里，做更多有价值的事，去取得更大的成就。

思考题

1. 找一个同伴，按 SWOT 法互相分析对方。
2. 请根据个人情况，完成一篇不少于 2000 字的职业生涯规划书。

第四章 就业准备

随着我国经济文化实力的不断加强，以及新时期、新政策下的大学扩招，使得越来越多的人有了接受高等教育的机会，但这同时也意味着大学生的就业竞争压力越来越大。近年来，高校毕业生人数不断增加，根据国家教育部资料显示：2011 年，全国普通高校毕业生人数为 660 万人，2012 年，全国普通高校毕业生人数为 680 万人，2013 年，全国普遍高校毕业生人数达到 699 万人，面对着严峻的就业形势，大学生应该做好充分的就业准备，走出择业就业误区，确定奋斗目标，才能在竞争激烈的就业环境中立于不败之地。

第一节 知识和能力的准备

一、建立合理的知识结构

知识是人们在改造世界的实践中所获得的认识和经验的总和，是人类改造自然、改造社会的有力武器。知识结构则是指一个人知识体系的构成与组合方式，即各种知识在知识总量中所占的比例、相互关系及相互作用。合理的知识结构是一个互相协调、比例恰当、具有一定层次的知识系统。国内外研究者提出了各种知识结构模型。

（一）知识结构的几种模式

1. 宝塔形知识结构

宝塔形知识结构把基础理论知识比喻为宝塔的底部，然后从下往上依次为基础知识、专业基础知识、专业知识、学科前沿知识。这种知识结构有三个主要特点：一是侧重于基础知识的广博性和宽厚性；二是侧重于专业知识的精深性；三是强调主攻目标的明确性。这种知识结构容易把宽厚的知识集于一点，突破主攻目标，取得成绩。

2. 蛛网形知识结构

蛛网形知识结构是国外经济管理学派提出的模式。此结构由三部分组成:第一部分是以自己本学科的专业知识为蛛网中心;第二部分是把专业知识相近、直接与专业知识相关学科的知识作为蛛网的结;第三部分是把离专业知识较远,间接影响专业的基础理论、一般知识作为蛛网的外围。其主要特点:一是侧重于专业知识的核心地位;二是侧重于广泛知识的互相联系,强调发挥整体知识的协调作用。这种知识结构模式比较形象、直观,易为人们所理解,尤其有利于大学生通过图解,发现自己知识结构的直观缺陷,以随时调整不同知识的学习时间和精力,保证专业知识的核心作用,使人能在较大范围内吸取营养,充分发挥其潜在的才干。

3. 飞机形知识结构

中国企业界人士翟新华,根据自己在实际工作中的经验和体会,针对优秀企业管理人才,提出了飞机形知识结构,机头部分是宏观经济理论,机身部分是宏观与微观经济活动的实践经验,机尾部分是微观经济理论。这三部分构成了优秀企业管理人才知识结构的主体。然后还需要两翼部分,即外语和数学。这种知识结构的特点是:它把经济理论和经济实践活动经验作为主体,强调理论和实践的结合,是一种新颖而全面的知识结构模式。

4. "T"形结构

对于在校大学生来说,大学学习是打基础的阶段,大学生有别于一个有实践经验的建设者,所以,对于大学生应该具备的知识结构尚需进行专门研究和设计。由日本学者提出的"T"形知识结构是一种适应性较强,在现代社会有较广用场的知识结构。在"T"形结构中,竖杠是指专业知识,横杠是指一般知识和基础理论知识。其特点是既强调基础知识的宽厚,又强调专业知识的精深。这是一种较适合在校大学生的知识结构。

(二)就业对知识结构的要求

1. 宽厚扎实的基础知识

随着社会行业、职业结构调整速度加快,大学生无论是选择职业,还是确定方向,或是适应工作性质的变动,都离不开宽厚扎实的基础知识的储备。这不仅关系大学生能否进一步发展,能否在专业上有所建树,而且关系到大学生走向工作岗位之后能否尽快适应、胜任工作。基础理论的学习,有助于科学思维方法和良好的心理素质的培养,大学生在大学阶段要认真系统地学习基础知识,扎实地掌握基础理论,特别是有关专业最基础、已被普遍运用的理论。

2. 精深的专业知识

大学毕业生是将要从事较强专业性工作的专门人才,因此,专业知识是知识结构的核心部分,也是科技人才知识结构的特色所在,无专业特色,也就不成其为科技人才。所谓精深，是指大学生对自己所从事专业的知识和技术的掌握，要在一定的范围，具有一定的深度。既有对概念体系、理论体系、研究方法、学科历史和现状等量的要求，又有对本专业国内外最新信息及与其专业邻近领域知识的了解和熟悉，并善于将其与本专业领域紧密联系起来的要求。

3. 现代管理和人文社会知识

现代社会，需要大学生具有一定的社会知识，一定的经济与管理知识和人文社会知识。目前，大学生有不少在高中阶段就开始了文理的分班学习，文科班的学生不学物理、化学；理科班的学生不学地理、历史。而进入大学后，学生们又只在本专业知识范围内学习，即使学些其他学科内容也是极为有限的，所以普遍存在知识面太窄的问题。因此，作为一名大学生，应该利用专业学习的空余时间，多读一些社会科学、管理科学方面的书籍，拓展自己的知识面，开阔自己的视野，不断增加对社会和现代管理科学的了解，从而不断提高自己的能力。同时通过形象思维和抽象思维的交替使用，还可以促进整个大脑的思维能力的提高。

（三）建立合理知识结构的原则及方法

1. 合理知识结构建立的原则

合理知识结构的建立，不仅取决于个人所学知识的数量和质量，更重要的还要看其构成方式是否优化。要建造最佳知识结构，应当遵守以下几项基本原则：

（1）整体性原则

这是合理知识结构最基本的要求，它是由知识系统本身及其各要素内在联系的规律所决定的。对个人来讲，要从整体上把握人类现有的全部知识是不可能的，但可以使自己的知识成为整个链条上一环，并自成体系。这就要求我们按照需要精选各个要素，并使各个要素在整体中都能恰当地发挥作用。

（2）核心性原则

这是由知识结构内各要素横向联系规律所决定的。核心知识通常表现为专业性知识的精深性和高效性。有人把它比作合理知识结构的“根据地”，把它的外围层次比作“游击区”。这就要求大学生在高校中，既要加强专业知识的学习，形成于自身有益的核心知识结构，又要有计划地涉猎相关知识，建立起围绕核心的广博的外围知识系统。

（3）层次性原则

大学生合理知识结构的建立必须从低到高，在知识的纵向联系中，应该把基础层次、中间层次和较高层次分别对待。

（4）动态性原则

事物是发展变化的，在知识迅速增长的时代，大学生的知识结构也一样，不应处于僵化停滞的状态，必须根据社会的进步、科学的发展和时代的要求，不断调整、充实、丰富与更新自己的知识，以适应科技发展的需要。

2. 合理知识结构建立的方法

合理知识结构的建立要求大学生掌握科学的学习方法。当代教育要求大学生成为学习的主体，这也是世界高等教育发展趋势的要求。对大学生本身来说，就是要使学习成为发自内心的需求和日常生活的习惯，让学习成为一件愉快的、自己愿意从事的事情。对于当代大学生来讲，合理知识结构的建立的基本方法主要有两个：

(1)自学法

要求高校大学生通过自学的方法，形成自身合理的知识结构。自学既是一种古老的学习方式，也是现代最值得提倡和推广的学习方法。自学作为大学生一种汲取知识的能力，尤其是随着知识经济时代的到来，知识更新的速度不断加快，单单通过在校几年的大学学习，无论如何也不可能掌握本学科的所有知识。因此，自主学习法是当今时代的主要潮流。大学生本身就读于自己的专业，但应根据社会需求，通过自学的方法为自己补充知识，调整自身的知识结构。

(2)创造法

要求高校大学生能创造性地学习。创造是在学习知识基础上的思维超越，是知识积累从量到质的变化。学习是一个将知识在头脑中不断深化的过程，是一个不断整合知识、形成网络、创造知识的过程。要提高效率，学有所获，关键就在于善于发现问题，高效率地吸取、整合和创造知识。这样，高校大学生就能较科学地建立起自身的合理知识结构，以应对即将面临的社会竞争和生活压力。

二、锻炼求职的能力

(一)大学生就业应具备的基本能力

1. 社会适应能力

大学毕业生走出校门之后会发现理想与现实的差距，因而产生不安或不满情绪，这种情绪可能会使部分人轻易改写理想坐标。导致这一现象的真正原因是毕业生缺乏社会适应能力，他们对真实的社会生活作了简单的或片面的估计，出现反差便产生不适。一个人社会适应能力是其素质、能力的综合反映，社会适应能力的强弱是与他的思想品德、知识技能、活动能力、创造能力、处理人际关系能力以及健康状况等密切相连的。一个素质比较高、各方面能力比较强、身心健康的大学毕业生走向社会后，能够很快适应环境、适应工作，即使是在比较困难的条件下和比较差的环境中，也能够变不利因素为有利因素，通过自己的能力取得好的成绩。

2. 人际交往能力

人际交往能力就是与他人相处的能力。有人这样估计：人们除了 8 小时的睡觉以外，在其余 16 小时中，约有 70%的时间都在进行交往、沟通。大学生重视人际交往能力培养不仅是因为未来工作环境的需要，还因为社会上的人际关系远比学校的同学、师生关系复杂。能否正确、有效地处理好这些关系，不仅影响到他们对环境的适应状况，而且影响着工作效能、身心健康和事业成败。

3. 组织管理能力

大学生毕业后不可能人人都走上领导岗位从事管理工作，但每个人在将来的工作中都会不同程度地运用到组织管理才能。用人单位选聘毕业生，首选对象是学生党员和学生干部，事实上是看重毕业生的组织管理能力。

4. 表达能力

表达能力是指运用语言文字阐明自己的观点、意见或抒发思想、感情的能力，包括口头表达能力、文字表达能力、数字表达能力、图示表达能力等几种形式。表达能力不仅在工作以后显示出其重要性，如工作汇报、年终总结、文件起草、研究报告等；在毕业生求职择业过程中也发挥着不可低估的作用，如自荐信的撰写，个人材料的准备，回答招聘人员的问题，接受用人单位的面试等等。求职时，表达能力的强弱直接影响到择业的成败。

5. 动手能力

动手能力是知识转化为物质力量的重要保证，是高级专门人才所必备的一种实践技能。大学生应克服重理论轻实践的倾向。高校在教学培养模式上已作了调整，结合教学进程都会安排毕业实习等，毕业生本人必须重视这些环节。

6. 开拓创新能力

开拓创新能力其实质是一种综合能力，是各种智力因素和能力品质在新的层面上融为一体、相互制约、有机配合而形成的一种合力。大学生在学习的过程中，应不断培养和强化自己的开拓创新能力。

7. 竞争能力

竞争的目的不是为了吃掉对方，而是为了促进生产发展和社会进步。市场的竞争归根结底是人才的竞争，充满竞争的市场需要具有竞争力的人才。不懂竞争、不具备竞争力，在竞争的激流中就有随时被淘汰的危险。

8. 决策能力

决策能力是在面临多项选择时及时、果断做出最佳选择的一种能力。它可以使你少走弯路，少犯错误，以较小的付出收获较大的成功。在校大学生要有意识地培养决策能力，从日常小事做起，不要事事请别人拿主意，日积月累，就会形成一种能力习惯。如果具备决策能力，毕业求职时就能从各种信息和建议中，对适应自己的职业岗位做出积极准确的反应。

（二）培养能力的方法和途径

1. 积累知识

知识是能力的基础，离开了知识的积累，能力就成了“无源之水”。知识的积累要靠勤奋的学习来实现。

2. 勤于实践

能力是在实践中形成、发展并表现出来的，实践是培养能力的重要途径。在大学期间，担任学生干部，参加一些社会活动等，都会有利于大学生实践能力的提高。只要处处留心，时时注意，大学生活中有许多锻炼机会。

3. 发展兴趣

爱因斯坦说："兴趣是最好的老师"。兴趣和爱好是能力发展的动力。兴趣爱好广泛的人，眼界宽广，思维开阔，容易从多方面得到启发，促进创造力的发展。大学生要围绕所学专业发展自己的兴趣爱好，加强知识的学习和积累，全面锻炼和发展各种实践能力。

第二节　就业信息的准备

毕业生求职择业不仅取决于个人素质、国家经济形势和社会诸多因素，同时也取决于就业信息，尤其是当今的信息社会，搜集就业信息就显得更为重要。就业信息是择业的基础，是走向用人单位的桥梁，谁获得了就业信息谁就获得了就业主动权，谁搜集的就业信息越多，谁择业的范围就越大，谁就更能主动地掌握自己的命运。

一、就业信息的概念

就业信息是指择业者事先不知，然后经过某种渠道得知并经整理加工后能被择业者所接受的有价值的消息。它包括产业经济状况、各行业发展前景、政府对就业的政策、用人单位的企业信息和招聘信息等。如岗位的具体要求、企业人才培养政策。就业信息经过用人单位发布，经加工处理后对择业者具有一定的价值，当求职者掌握大量的用人单位资料时，通过加工、整理、分析、对比，有帮助求职者做出最佳选择。

二、就业信息的作用

(1)帮助毕业生了解政策、掌握和运用好政策。

(2)帮助毕业生了解市场、了解需求、了解自我。

(3)帮助毕业生增加就业机会。

三、就业信息的内容

(一)社会信息

1. 就业法律法规

国家通过法律法规来管理和规范组织的活动和个人的活动，排除组织之间的纠纷，制裁违法行为。法律法规既赋予了组织和个人进行各项活动的权利，又赋予了组织和个人同一切侵犯自己合法权益行为作斗争的有效手段。如果依法办事，不仅可以取得合法权益，而且可以捍卫自己的正当权利，减少不必要的损失。由于我国人才市场机制尚不完善，存在不少违纪犯规现象，作为大学毕业生来说必须清楚地了解就业法规、法令，学会用法律来保护自己。目前已出台和施行的有《中华人民共和国劳动法》、《反不正当竞争法》、《劳动合同法》等。

2. 就业有关政策

就业政策是根据国民经济发展战略和人才培养的客观要求而提出的，是根据各个不同时期的政治、经济任务而制定的，随着国家整体政治、经济任务的变化而变更，它是毕业生就业的出发点和归宿，是不能违背的。大学毕业生只能在国家就业方针、原则和政策所规定的范围内，根据个人的情况选择职业。

（二）供求信息

1. 用人单位的信息

用人单位的信息指一些具体信息，即哪些单位需要什么样的毕业生。比如需求单位的性质、单位的特色、专业要求、行业现状及发展前景、岗位描述，计算机、外语水平，生源地、性别要求，用人单位的用人条件、工作性质、晋升机会、工资福利待遇、空缺岗位等。

2. 当年毕业生总的供求形势

即本地区与自己同时毕业的学生有多少，而用人单位的需求有多少，是供大于求，还是求大于供，或者两者基本平衡，哪些专业紧俏，哪些专业供大于求等。

四、就业信息的搜集

（一）就业信息搜集的原则

1. 准确性原则

要求信息所反映的情况必须真实、可信。就业信息是否准确，是择业人员做出决断的关键环节，否则会给求职择业带来决策上的失误。

2. 时效性原则

时效性是信息本身的重要特性之一，就业信息的时效性则更强，如果招聘单位完成了招聘，已经与应聘者达成协议，那么就业信息自然就失效了。因此，在就业形势十分严峻的情况下，要随时注意所汇集的就业信息是否过期，信息是否已被他用，要尽可能在第一时间获得信息。

3. 针对性原则

随着人才市场的完善，就业信息日益丰富，如果信息搜集中不注意针对性，那么就可能在众多信息中把握不住方向，从而捕捉不到有价值的信息，这就要求在搜集就业信息时，要充分针对个人实际情况。

4. 系统性原则

就业信息的搜集要求具有系统性、连续性。就业信息的获得许多时候是零碎的，这就要求求职者善于将各种相关信息积累起来，然后经过加工、提炼，形成一种能客观、系统地反映当前就业市场、就业政策、就业动态的就业信息，从而为择业提供更可靠的依据。

5. 计划性原则

作为信息搜集者来说，首先必须制订信息搜集计划，明确信息搜集的目的，只有明确了目的，就业信息搜集才有方向，才能发挥信息搜集的主动性；其次所需就业信息的内容范畴，是有关就业政策的、就业动向的，还是有关用人单位需求的，要做到有的放矢；最后选择信息搜集的方法和渠道。

（二）就业信息搜集的方法

1. 全方位搜集法

把与你专业有关联的就业信息统统搜集起来，再按一定的标准进行整理和筛选，以备使用。这种方法获取的就业信息广泛，选择余地大，但较浪费时间和精力。

2. 定方向搜集法

根据自己选定的职业方向和求职的行业范围来搜集相关的信息。这种方法以个人的专业方向、能力倾向和兴趣特长为依据，便于找到更适合自己特点、更能发挥作用的职业和单位。需要注意的是，当你选定的职业方向和求职范围过于狭窄时，有可能大大缩小你的选择余地，特别是你所选定的职业范围是竞争激烈的“热门”工作时，很可能给你下一步的择业带来较大困难。

3. 定区域搜集法

根据个人对某个或某几个地区的偏好来搜集信息，而对职业方向和行业范围较少关注和选择，这是一种重地区、轻专业方向的信息搜集法，按这种方法搜集信息和选择职业，也可能由于所面向地区的狭小和“地区过热”（即有较多择业者涌向该地区）而造成择业困难。

（三）就业信息搜集的主要渠道

1. 通过政府就业工作部门和其他国家机关获取信息

主要是指各级教育行政部门、人力资源与社会保障部门的就业服务机构，如各省大中专院校学生信息咨询与就业指导中心、人才市场等。

2. 通过学校就业工作部门获取信息

通过学校就业工作部门所获得的信息针对性较强，且有时效性。此外，学校就业工作部门还会根据上级有关部门的精神和指示，发布各种新的就业政策和规定，大学生可以通过学校就业工作部门了解本年度当地就业的动态变化及各种就业信息资料。

3. 通过各种供需见面会获取信息

在毕业生临近毕业时，各省市区人事厅局都会召开供需见面会，参加供需见面会的用人单位也很多，毕业生在参加此类招聘会时应充分准备好有关推荐材料。

4. 社会各级人才市场

人才市场的主要任务就是搜集、发布人才供求信息，传递人才余缺信息，办理人才交流登记，为用人单位招聘人才和个人求职做好中介服务和管理工作。人才市场属于横向搜集信息的渠道，通过社会劳动力市场获得的信息量大，且行业范围涵盖很广。

5. 各种媒介

广播、电视、报纸、杂志等各种媒体都会以定期或不定期的形式提供人才供求信息。通过这些媒介的广告宣传，求职者可以了解掌握人才需求的动态，了解到用人单位的工作性质、所需人才的条件和工作待遇等。这种渠道发布的就业信息传播广、传播速度快、信息量大。

6. 社会关系

大学毕业生的亲朋好友分布在社会的各个领域、各条战线，由此形成了复杂的人际关系网络。正确利用社会关系网，通过关系网搜集信息，针对性强、可靠性高、成功率大。

7. 网络

通过各种网站可以随时查询数万条有效信息，同时可以直接把履历表用电子邮件的方式寄给对方，求职者也可以经由网络了解公司的背景资料、营运状况等。

8. 通过社会实践、参观调查获取信息

大学生在校期间，通过生产实习、毕业实习、参加社会服务等社会实践活动，不仅能使自己所学的知识直接应用于生产，为社会服务，而且也开阔了视野，还可以有意识地了解这些单位对毕业生的需求情况以及对所需人员的素质要求等。

9. 通过信件、电话或拜访获取信息

通过黄页掌握各单位地址、电话，通过打电话、写求职信或登门拜访获取用人信息。

五、就业信息的处理

（一）充分了解就业信息的内容

毕业生在搜集就业信息时，不能局限于“走马灯”式的了解，而应对所拥有的信息进行充分了解，完善其内容，以充分发挥就业信息的作用，这也是处理就业信息的一项重要工作。充分了解和完善就业信息的内容，主要包括以下几个方面：

(1)当年国家和各地方、各部门以及学校针对毕业生就业的一些政策、规定，这是毕业生求职择业的前提和基础。所以一定要仔细学习、领会这些信息的精华，为择业提供政策依据。

(2)了解本校、本专业毕业生在社会上的需求状况，并依据其受欢迎程度及时调整择业期望值，做到有的放矢。

(3)用人单位的具体情况。

(二)就业信息处理的原则

1. 发挥优势和学以致用的原则

处理就业信息时，要尽量做到发挥所长，学以致用，这样可以发挥优势，避免人才资源的浪费。

2. 面对现实、理论联系实际原则

在使用就业信息时，要事先对自己有一个全面的认识和正确的自我评价，无论个人的愿望如何美好，在实际操作时则要面对现实。

3. 在政策范围内择业的原则

使用就业信息时，要把个人意愿和国家需要结合起来，并根据社会需要与自己的能力、愿望做出职业选择。

4. 辩证分析原则

用辩证唯物主义方法论来分析信息，用历史的、发展的、变化的眼光研究、处理信息的实际利用价值。

5. 综合比较原则

把所有的信息放在一起，从各方面比较利弊，寻找符合自己条件的企业。

6. 善于开拓原则

对那些有潜在价值的信息，深入思考、加以引证、充分利用。正如人们常说的那样，信息的价值会用则有，不会用则无。

7. 早做抉择原则

信息有很强的时效性，及时用之是财富，过期不用等于无。因为较好的职业总会吸引许多求职择业者，而录用指标是有限的。如果迟延抉择，不及时反馈信息，往往会痛失良机。

(三)就业信息处理的过程

1. 筛选

求职者搜集到一些就业信息后，须根据自身的求职需要对其进行一定的筛选，做

好去伪存真、去粗存精的工作。

2. 求证

对于那些已经筛选过的信息，毕业生还要验证这些就业信息的真实度、时效性和价值性。还可以通过对该单位比较熟悉的亲朋好友或学长校友等了解有关情况，以此来修正和补充有关就业信息。

3. 归类

按其行业、薪资、前景、兴趣、离家远近等进行归类整理，必要时可赋予各岗位信息不同的分值，最好能做成相应的数据表格，然后进行比较，最后做出决定。

4. 行动

行动前不但要清楚自己想干什么，更要弄明白自己能够干些什么。要清楚自己的兴趣爱好、气质特点、性格特征、基本素质、专业知识、技术能力等。

(四)好的就业信息应包含的要素

(1)工作单位全称并指明单位性质及上级主管部门。

(2)工作单位的发展实力及远景规划，在整个行业中的排名或在社会整个经济结构中的地位。

(3)对从业者年龄、身高、相貌、体力等生理方面的要求。

(4)对从业者政治思想、道德品质、工作态度等方面的要求。

(5)对从业者学历及学业成绩的要求。

(6)对从业者职业技能和其他才能的特殊要求。

(7)对从业者的职业兴趣、职业能力、职业气质等职业心理特点方面的要求。

(8)工作时间：工作时间的长短。

(9)工作地点：工作单位的地址及附近的交通线路。

(10)工作环境：如室内、户外、冷、热、潮湿、噪音、高空、低洼等。

(11)个人收入及福利条件：如每月薪资水平、工资的计算方法、办理何种保险、是否享受公费医疗、退休金等及其他相关的福利条件。

(12)工作前途：此工作晋升、进修培训的可能性和周期性。

(五)处理和应用就业信息时应注意的问题

(1)从众行为，即缺乏主见，人云亦云，别人说哪里好就往哪里跑，别人往哪里走，就往哪里凑。

(2)轻信行为，即一味盲从，认为亲友告诉的信息就一定可靠，报刊上的信息就是百分之百的准确，未做筛选就做选择。

(3)模棱两可，即陷入大量信息的旋涡中不能自拔，在眼花缭乱的信息面前，左思右想，犹犹豫豫，拿不定主意，其结果只能是“竹篮子打水一场空”。

(4)急于求成。有的毕业生由于缺乏社会经验，真正到了人才市场，就心慌意乱；

有的自感择业条件不如人，一旦抓住信息，不经深思熟虑，就匆忙作决定；有的不慎重，在没有广泛搜集信息时便作决定。

六、学会避免就业陷阱

（一）虚假就业信息基本特征

（1）在公交车站、大马路、广场等一些公共场合粘贴的招聘小广告。

（2）门槛低、薪酬高，设置责任底薪，必须完成规定业务额。

（3）莫名而来的就业机会。

（4）要求毕业生缴纳数额不菲的工作保证金。

（5）不透露公司的名字，公司的基本资料不完整，找不到地址等。

（二）常见的就业“陷阱”

1. 以招聘为名骗取钱财

以招聘方式收取报名费、抵押金、服装费等，钱骗到手就人去楼空。

2. 以招聘为名盗取信息

收取身份证号码或复印件，以此骗取求职者信用卡号、银行账号、照片等倒卖个人隐私。

3. 以招聘为名获得劳动力及成果

通过高职、高薪等条件来诱骗劳动力，其实行政经理等于打杂工。

4. 以试用期为名榨取劳动力

利用试用期与签约时间的时间差，来榨取劳动力。

5. 以“霸王条款”克扣毕业生

用人单位通过苛刻的条件来剥夺毕业生的既得利益。

6. 以“培训”为名骗取培训费

以高薪就业、保证就业之类的承诺谎称需进行岗前培训，但培训结束仍然不能工作，或者安排的工作根本不适合大学生，以此来骗取费用。

（三）如何应对招聘骗术

（1）进入信誉度高的专业人才网站应聘，如各级教育行政部门的官方网站。

（2）拒交各种名义费用，凡是附加了报名费、考试费等条件的招聘信息，一定要高度警惕。

（3）不要随意公开重要信息，求职者在填写网络求职登记表时，不要到处填写自己的求职信息，更不要轻易公开个人的重要信息，尽可能作一些必要的保留，特别是自己的家庭住址和家庭电话最好不要填写，只留电子信箱联系即可。

(4)不轻易许诺马上去外地工作,不论其待遇多么好。只有掌握了这家单位的真实情况,证明其可信之后,才可以去工作。了解单位情况的方法有:通过自己应聘单位所在城市的熟人,去打听这家单位的情况,或者通过工商部门、学校就业指导中心核实单位的真实性。

(5)不要将重要证件作抵押,尤其是身份证、毕业证等。

(6)多种途径了解公司背景,注意招聘单位的营业执照等相关证件。

(7)签订"普通高校毕业生就业协议书"或者"劳动合同"时,一定要注明双方谈妥的福利、保险、食宿条件等,毕业生与用人企业签合同时要"三看":一看企业是否经过工商部门登记以及企业注册的有效期限,否则所签合同无效;二看合同文字是否准确、清楚、完整,不能用缩写、替代或含糊的方式表达;三看劳动合同是否有一些必备内容。

(8)接到陌生单位打来的电话时,要详细了解对方的情况,如对方名称、经营范围等,进行核实后再作决断。

(9)发觉被骗要及时报案。

【案例分享】

小王在网上获知广州一家计算机公司招聘技术人员,待遇很好。小王是计算机专业的应届毕业生,投递简历的当天小王就得到了对方的回音,邀请他到广州进行面试,并表示公司会到火车站接他,非常热情。你是小王的同学,小王与你讨论他的这份邀请,你如何做,让小王更加清晰地认识该单位?你又会给小王怎样的建议?

第三节 求职心理的准备

大学毕业生求职成功与否,不仅取决于其专业能力、道德素养、文化素养等方面,同时也取决于毕业生的求职心理状况和心理调适能力。作为一名即将毕业的大学生,需要努力提高求职心理调适能力,为顺利求职做好准备。

一、大学生求职心理分析

(一)大学生求职心理动机

毕业生求职动机主要表现在以下几个方面:

1.谋求专业对口的岗位

不少毕业生认为专业对口能缩短工作适应期,有利于自我的才能发挥,有利于自我的发展。所以,不少毕业生宁愿报酬低点,条件艰苦点,也愿意从事与所学专业相关的工作。

2. 谋求社会地位高的职业岗位

谋求社会地位高的职业岗位几乎是毕业生普遍存在的求职心理动机。这些所谓社会地位高的岗位，主要是指有实权、有声望、经济实力雄厚的单位。毕业生在求职择业过程中往往首选的就是这样的岗位。

3. 谋求稳定性强的职业岗位

我国传统的劳动人事制度使人们形成了"从一而终"的职业观念，这种观念至今仍在影响着人们的求职态度，认为有了稳定性才有安全感。部分大学毕业生放弃了一次次机遇，而到一些所谓保险性强的行政、事业单位或国有大中型企业，不愿"冒险"。

4. 渴望到经济发达地区

经济发达地区求职机会多、劳动报酬相对高、求职市场相对规范，许多大学生的求职目标就定位于经济发达地区。

5. 注重经济待遇

市场经济环境下成长起来的大学生对经济问题很敏感。一直依靠父母供养的大学生，渴望真正自立时，挣钱也就成了当务之急。只有有一定的经济基础，他们才能建立家庭、回报父母，有的毕业生才能将求学时的贷款还清等。所以，大学毕业生择业时，经济待遇是他们考虑的一项重要因素。

6. 渴望奉献社会，到基层建功立业

有一批毕业生面对职业选择时，他们放弃优越的工作环境和职业，而是支援西部建设或到边疆、到基层、到生产第一线去建功立业，这充分展现了新时代学子的精神面貌，是大学毕业生学习的榜样。

（二）大学生常见的求职心理表现

由于大学毕业生求职动机不同，结合其自身实际，就会有不同的求职心理表现。

1. 积极的求职心理

乐观自信、敢于竞争、有风险意识。这部分学生能客观地认识、评价自己，对职业的要求有比较明确的目标，能正确地分析社会求职形势和社会需求，求职时能够扬长避短，千方百计地采用最有效的方法追求目标，遇到挫折不气馁，相信天生我才必有用。他们能顺应形势，明白在求职市场中，竞争是必然选择。他们一方面为增强自身的求职竞争力而不断地提高自身综合素质；另一方面，他们有强烈的竞争意识，敢于竞争。他们丢弃"铁饭碗"观念，喜欢具有挑战性和竞争性的职业岗位。

2. 消极的求职心理

(1)缺乏自信，依赖他人

对于求职忧心忡忡，担心失败，明明是自己理想中的工作，可是一看到求职者众多，就打起退堂鼓，尝试一下的勇气也没有。明知求职要靠自己去“推销”，可就是没有勇气跨进招聘单位的大门。有的毕业生依赖家长、亲朋好友，在洽谈会上，由父母或亲朋好友代替自己同用人单位洽谈，把自己的命运交给别人来决定。有的毕业生一到招聘者面前，就面红耳赤，手足无措，回答招聘者的询问也是语无伦次。

(2)自卑自贱，封闭自我

因自己生理或出身方面等的原因，担心别人瞧不起自己，进而自我否定，自我封闭，不敢走向求职市场。

(3)犹豫观望，徘徊不定

在双向选择时，瞻前顾后，徘徊不定，即使做出一个决定，也还忐忑不安，顾虑重重，这类毕业生缺乏对自己的清醒认识，对利害得失过分注重。

(4)缺乏主动，盲目从众

热衷于热门职业，看到别人都去大城市或经济发达地区择业，自己就跟着效仿。这部分毕业生缺乏对自身的客观认识，没有“量体裁衣”的求职意识，把自己限制在狭窄的求职道路上。

(5)求稳或求闲心理

选择职业时受传统思想的影响，试图从职业的稳定性出发而寻找有“安全保障”的工作；在求职择业中认为自己是大学毕业生，追求舒适、清闲、安逸的工作，宁可待业也不干“艰苦”的工作。

(6)怨天尤人，认为生不逢时、怀才不遇

面对求职的艰辛，怨天尤人，认为自己生不逢时、怀才不遇，在郁闷、抱怨中打发日子。

(7)孤芳自赏，好高骛远

在择业时，认为自己无所不能，社会上的所有工作都能胜任，因而在求职择业过程中自傲清高，挑三拣四。如在目前毕业生求职倾向中有所谓的三高，即“起点高、薪水高、职位高”。

【案例分享】 吊在半空只有啃老

张某是个本科生，严格说起来，是个与研究生一步之遥的本科生，考研的时候，专业成绩不错，外语只差1分。后来，他下决心考公务员，但是，谈何容易？连考三年，第一年、第二年，明明感到成绩不错，就是没有上线，第三年倒是获得了面试机会，但是，最终，公务员的梦还是没有实现。可他还是不甘心，不肯脚踏实地去找工作，他认为打工就是地狱，当公务员才是天堂，既然与天堂也只差一步，那就不能心甘情愿进入地狱，就这样，将自己吊在半空中，不上不下，天堂不知何年有望，啃老倒是已成现实。

二、大学生求职应有的心理准备

由于缺乏求职经验和求职市场竞争异常激烈，许多大学毕业生求职压力很大，他们在寻找工作的过程中或焦虑不安，或情绪高涨，或灰心丧气、怨天尤人，或优柔寡断，患得患失，整日心神不宁，以致影响到了正常的生活和学习，也影响到了正常的求职择业。如何避免或减轻这种心理反应呢？充分的心理准备是非常必要的，毕业生应该从以下几个方面做好心理准备。

（一）做好角色转换的心理准备，并进行合理的角色定位

由一个无忧无虑、令人羡慕的大学生，转变为一个现实的社会求职者，这种身份的转变，就是所谓的角色转换。角色的转变需要大学毕业生抛开幻想，面对自主择业这一社会现实，及时地进行角色调整。只有这样，才能使大学生有充分的心理准备去应对激烈的求职竞争。大学生应该清醒地认识到大学时期所学的专业知识、技能是为个人适应社会需要、成为一名合格的社会主义建设者而打下的基础，是一个知识积累、储备的过程。这样，大学生就不再认为自己是社会上的特殊群体，而只是求职劳动大军中的普通一员，从而及时地进行角色转换和合理的角色定位，正视自己的身份，自觉投身于择业者行列，去寻找适合自己的位置。

（二）正确的自我认知

全面了解自己的特点是选择职业的重要前提，作为一名求职者，只有在知己的基础上才能扬长避短，从而做出适合自己的求职决策。科学地认识自己最有效的方式是通过科学的心理测试、测量。当然，通过与老师、家长、同学交流，得到他们对自己的客观评价也是一个有效的渠道。

（三）正确的职业认识和评价

求职的大学生，需要对职业要求有一定的认识。职业只有分工的不同，没有高低贵贱之分。俗话说：三百六十行，行行出状元，作为一名大学毕业生，最好不要把自己的职业选择限定在某个范围内，要摆脱轻视体力劳动或服务性劳动的传统思想，根据社会需要和自己的特点，选择适合自己的职业，从而拓宽求职渠道。

（四）对严峻求职形势的心理准备

大学毕业生对求职形势要有充分认识，做好求职道路上将可能遇到艰辛和曲折的心理准备。所谓人才"相对过剩"，是指国家培养的大学生不是多的用不完了，而是呈现出需求不平衡的状况。如急需人才的边远地区和基层单位，仍苦于招不到需要的人才，处于"无米下锅"的局面。所以希望回报社会、展示自己的才华、实现人生价值的大学生，应审时度势，做好到边远地区或基层单位工作的心理准备。

（五）克服依赖心理，实现真正自立

青年学生在大学毕业前多数仍在依赖父母、老师的帮助指导，没有实现真正意义上的自立。因此，有些大学生在择业过程中缺乏自信，把希望寄托在"拉关系"、"走后门"上。有的毕业生甚至由家长出面与用人单位洽谈求职事宜，殊不知，这样做的结果，用人单位会对毕业生产生缺乏开拓能力、独立生活和工作能力差的印象。因此，

大学毕业生一定要实现自主择业，靠自身实力叩开职业大门，充分做好不依赖任何人的心理准备，实现真正自立。

(六)遭遇挫折的心理准备

受多种因素的影响，理想与现实会出现差距，这时，大学生往往产生如下心理：自卑、恐惧等不健康心理，对自己失去信心；迷惘心理，即当所学专业与社会需求不完全吻合时感到无所适从，当与别人竞争失败时怅然迷惘；逃避心理，在“双向选择”时发现自己的知识、技能不能适应用人单位的需求，于是追悔、逃避，对求职失去了信心和勇气；消极心理，即不能正确认识和分析求职中的不合理现象，而感到失望和无助；报复心理，即认为自己求职不成功是招聘人员的故意刁难，从而谋求报复。以上种种表现，都是毕业生对求职过程中可能遇到的挫折没有充分的心理准备而造成的，当挫折真正出现时，不知该何去何从，以至于迷失了方向。作为一名新时代的大学生，应该对自己和求职形势有清醒的认识，预想到可能出现的障碍和挫折，不怕失败，及时总结经验和教训，直到择业成功。

(七)求职后期望值与现实有差距的心理准备

大学毕业生梦想着在社会大舞台上一展身手，实现自己的人生价值，但大学毕业生职业意识的缺乏和工作能力的不足，可能会受到领导或同事的批评或冷遇，犹如当头一盆冷水，使其失去心理平衡。如将大学时期懒散的生活习惯带到工作中，好高骛远，大事做不来，小事不愿做；对工作挑肥拣瘦，拈轻怕重；工作责任心不强，敷衍了事，不能按时完成领导交办的任务；过于看重自我得失，不思奉献；缺少集体观念，对事妄加评论，造成不良影响；感到工资低，领导对自己不重视而牢骚满腹；业务不熟练，造成工作差错等。这些情况都可能使意气风发的毕业生受到批评或冷遇，有时可能不是毕业生的过错，但也受到批评，会感到冤枉、委屈。遇到这样的情况，有的毕业生能够冷静下来，分析其中原因，亡羊补牢，不断进步；但也有人一气之下，“跳槽”走人，造成不必要的损失。对于每一个人来说，以往的成败得失只能代表过去，要重新开始，以自己的实际行动来赢得别人的尊重和信任。所以，大学毕业生要对期望值与现实的差距有一定的心理准备，要宠辱不惊，不断完善、提高自己。

【案例分享】 降低期望值，主动出击

某校女生周某，2012届毕业生，在校期间成绩优异，曾担任班长等主要干部职务，同时在校积极参加社会实践、创业计划等活动，均获得奖项，是优秀毕业生。但是找工作却并没有那么顺利，和很多毕业生一样，都面临着高不成低不就的局面。在2012年4月，她找到了一份不太满意的工作，但由于就业的压力还是很认真地去对待了这份工作，积累了一定的工作经验。2012年7月，已经是毕业离校了，这位曾经的优秀毕业生还是没有找到心仪的工作，压力、焦虑和心理落差等都一起涌来。她选择了一家小型的通信类公司做业务代表，从扫地开始做起，不断学习，不断积累。在工作的同时也留意新的就业信息。2012年8月，某大型公司招人，在应聘的200余人中，经过层层的面试考评，由于在校的优异表现和较高的综合素质，再加上工作后扎实的经验和工作态度，她脱颖而出，成为仅成功应聘的五个人之一。

三、大学生求职心理调适方法

通常来说，大学生可以采用以下的方法来进行心理调适。

（一）理情疗法

克服过度焦虑的情绪，最根本的办法还是利用艾利斯的理情疗法，即用理性认识代替以偏概全、糟糕透顶等非理性认知，树立正确的择业观，正确认识自己，正确认识社会，在双向选择中，确立职业定位，寻找工作机会。

（二）宣泄法

当求职受挫、心情不爽时，可以用宣泄疗法。一是倾诉，可以找同学、朋友、心理咨询师诉说自己的烦恼和委屈，一吐为快。二是大哭一场，发泄心中的郁闷情绪，美国生物化学家弗雷说过："强忍不哭，把眼泪咽下去，等于慢性自杀。"三是写日记，写出自己心中的苦闷。四是击沙袋或在空旷地方大喊大叫。宣泄时，要把握分寸，不伤害自己、他人及损坏公私财物。

（三）升华法

升华法是以更加符合社会规范的动机或行为来代替原有的低层次的动机和行为。歌德因失恋，写出了历史名著《少年维特之烦恼》，就是升华的典型例子。

（四）补偿法

当一个人受到挫折时，改变原有行动方向，以其他能够获得成功的活动来代替，以弥补因失败而丧失的自尊和自信。在择业过程中，一家应聘不上，分析原因，调整标准，再找一家，以求成功。

（五）积极暗示法

心理学上的暗示，是指个人通过语言、形象、想象等形式，对自身施加影响的心理过程。心理暗示由法国医师库埃于1920年提出，其名言是："我每天在各方面变得越来越好。"积极暗示能令我们保持好的心情和自信心，从而调动内在因素，发挥主观能动性。消极暗示会强化我们个性中的弱点，唤醒潜藏在我们心灵深处的自卑、怯懦、嫉妒等，从而对情绪产生不良影响。积极暗示如我是本科生，年轻、有专长，能够找到合适的工作，明天会更好；此处不留人，自有留人处；只要我坚定目标，一定会有所回报的。

（六）注意力转移法

把注意力从不良刺激转移到其他事物上的一种自我调解方法。当落聘后，可以把注意力转到自己感兴趣的事上，如散步、打球、看电影、上网聊天等，防止不良情绪泛化、蔓延。

（七）自我安慰法

当一个人遇到挫折时，为防止痛苦和不安，可以找出一种合乎内心需要的理由来说明和辩解。

第四节　求职材料的准备

一、求职材料的概念

求职材料，是指求职者为了获得所需职位或面试机会而制作的包括个人履历、求职信、成绩单、外语等级证书、技术等级证书和职业资格证书、各级荣誉证书在内的系列资料。

二、求职材料的作用

面临求职的大学毕业生都渴望有一份好的工作，但寻求好工作的过程是曲折的。对接受用人单位挑选的大学毕业生来讲，“如何推销自己”是必须要在参加应聘竞争之前解决的问题。随着大学毕业生求职制度改革的深入，大学毕业生通过与用人单位“双向选择”来确定求职去向。“双向选择”的过程，实际上就是相互认识、相互了解、相互认可的过程。作为毕业生来讲，就是在认识、了解对方的同时，让用人单位认识自己、了解自己、选择自己，从而实现自己的求职愿望。为了达到这一目的，就需要利用各种途径和方法正确展示自己。材料展示是自我推销的最有效方法，目前的人才市场是“卖方”市场，即求职人数是“供过于求”。一个用人单位往往收到几倍甚至几十倍于招收计划的求职材料。所以求职材料写得好，给看材料的人留下深刻的第一印象，是争取到面试机会，最终求职成功最为关键的一步。

三、准备求职材料的注意事项

求职材料能够充分反映毕业生所具备的能力，体现毕业生所在学校对毕业生在校期间综合表现的认可。因此，在准备材料的过程中，根据用人单位对求职者的不同要求，要注意以下几个事项。

（一）内容翔实，格式规范

求职材料是对大学生的一个全面总结，既要全面反映自身的基本情况，又要反映自己的特长、爱好；既要突出自己的优点、成绩，也要说明自身存在的问题和缺点；既要说明自己对用人单位提供职位感兴趣的原因，还要表达自己努力工作的决心。内容应全面，但应言简意赅，突出重点，切忌长篇累牍，废话连篇。尤其需注意的是内容要翔实，切忌为了赢得用人单位的好感而弄虚作假，最后只会是画蛇添足、弄巧成拙。另外，简历、自荐信等都有各自相应的格式，应该规范。

（二）富有个性，针对性强

由于不同的用人单位对求职者的要求不尽相同，求职材料的准备也应根据不同的单位有所差异。如果你想去应聘“三资”企业的职位，最好要准备中英文对照的材料；欲去少数民族地区择业，就要能用民族文字撰写求职材料；如果你是去应聘广告设计的职位，那么你的求职材料最好能体现出你的个性和创意。

（三）设计美观，杜绝错误

准备求职材料的目的之一就是要吸引招聘单位，引起对方的兴趣。因此，材料无论是手写或电脑打印都要整洁美观，让人看上去觉得舒服。要杜绝错误，无论是语法错误、错别字、标点符号错误或印刷错误，都应避免。

另外，整理求职材料时还应注意：一是要分门别类，做到井然有序，条目清晰。二是切忌纸张大小不一。如果各种材料的纸张规格不同，会给人以零乱的感觉，应放大或缩小，复印成相同尺寸后进行装订，达到整齐划一的效果。

四、求职材料的构成及内容

求职材料一般包括求职信、简历、推荐表（信）和一些证明材料等。求职材料的写作和包装是一门学问，有一定的要求和规范，但同时又不拘一格。在准备求职材料时，要注意把握好基本的原则，以收到最佳效果为准则。

（一）求职信

求职信也叫自荐信，是求职者以书面形式向用人单位提出求职请求的文函。在信中求职者要阐述自己求职的理由、自己的知识能力、求职愿望等，通过求职信展示自己的人格魅力，给用人单位一个良好的初步印象，以争取更进一步相互了解的机会，如面试机会，甚至通过求职信也可能获得应聘的成功。

1. 求职信的格式及内容

求职信的基本格式要符合书信体的一般要求，主要包括称谓、正文、结尾、署名、日期、附件六方面的内容，求职信的格式一定要规范。

（1）称谓

求职信的称谓要比一般书信的称谓正规，称谓要随用人单位不同而改变。如果写给国家机关、事业单位的人事处领导，用“尊敬的某某处长（科长等）”；如果对方是某企业的厂长（经理），则可以称之为“尊敬的某某厂长（经理）”；如果写给大学、中学校长或人事处的求职信，则宜称为“尊敬的某某校长或老师”等。称谓可以表现出你对用人单位的初步了解。

(2)正文

正文是求职信的中心部分，其形式多种多样，但要简洁且有针对性。一般来说，正文要注意以下几点：介绍个人的基本情况和求职信息的来源；说明自己所要应聘的岗位和自己已经具备的条件；突出自我教育背景、成就以及自己所具备的各种能力和潜力。正文要体现你是有备而来，且关注这份工作，要突出你能给用人单位做什么，并表现出你对这份工作的热情。

(3)结尾

结尾一般要明确表达出希望对方予以答复，并希望有机会参加面试的强烈愿望。同时要写上简短的表示祝福的话语，如“此致敬礼”、“顺祝安康”等。

(4)署名

署名处要写上“自荐人×××”的字样，并标注规范体公元纪年和月日。随文处要说明回函的联系方式、邮政编码、地址、电话号码及 E-mail 等。署名处如打印件则要留下空白，由求职人亲自签名，以示郑重和敬意。

2. 撰写求职信的注意事项

(1)篇幅不要太长，5 号或 4 号字以 1 页纸最为恰当；

(2)求职信重点要突出。比如，你的知识结构比较全面，是个复合型人才，那就展示你主修、辅修和自修了哪些课程；如果在实践中积累的经验是你的优势，你就突出你的实践收获；如果你的简历内容也在信中，你就把简历里跟你所求的职位相关的部分突出出来，要突出一个宗旨，就是要让用人单位知道，你能为他们做什么，创造什么；

(3)语言要有务实的风格，谦虚但要自信，“投其所好”，又不露痕迹；

(4)求职信要展示你对这份工作的热情和你本身对生活的激情，体现出你的敬业精神；

(5)求职信整体要有美感。行距和段落间的距离要适当，信纸的颜色不要太花哨，千万别用印有别的单位名称的信封，信封的颜色以白色为好，邮票也是应该注意的，而且要把邮票粘贴得干干净净。

【案例分享】 求职信大忌

①为对方限定时间的求职信；②为对方规定义务的求职信；③用以上压下的口气写的求职信；④“自以为是”的求职信。如：“本人于×月×日要赴外地出差，敬请贵经理务必于×月×日前复信为盼。”；“本人谨以最诚挚的心情，应聘贵公司的会计师一职，盼望得到贵公司的尊重、考虑和录用”；“现已有多家公司欲聘我了，所以请贵公司从速答复。”

避免以上现象发生的办法：一是要谦虚谨慎，实事求是；二是要态度诚恳，语气谦和；三是要把自己放在一个正确的位置上。

(二)个人简历

求职信的后面，一般要附上求职者的个人简历。简历又叫履历表，它概括地介绍了求职者的自然状况、学业情况、成长及工作经历、特长爱好、性格特点、所获成果、求职愿望和联系方式等。简历有的是表格形式，有的是排列有序的文字形式。无论哪种形式，都应做到条理清楚、项目明白、叙事简洁。

一份好的个人简历，往往可以抓住读者的注意力，使读者从字里行间看到求职者的才华和优秀的成绩、强烈的事业心和责任心，从而增加自己求职的筹码。

1. 简历的内容

一份完整的简历一般包括以下几项内容：

(1)基本情况

包括姓名、出生年月、性别、籍贯、身高、体重、健康状况、婚姻状况、业余爱好、通信地址及联系电话等；

(2)求职目标和任职资格

求职目标用于表达求职者的愿望，写明想要申请的职位，求职目标应简明扼要地表达。任职资格是要表明求职者应聘岗位的优势和专长，让用人单位对求职者的学历、专业、工作经验、能力等任职资格有一个概括性的了解。

(3)学历

应按简历的次序写清就读的学校、院系、专业、学习年限和相关证书，以及学过什么课程，获得过何种奖励和奖学金，参加过哪些课程或技能竞赛及获得的名次等。有的求职者只写最高学历，忽略曾接受的其他的非学历教育，其实，与所求岗位相关的非学历教育，如外语、计算机和其他专业培训，也是用人单位甄选人员时非常重视的参考因素。

(4)实践经历

用人单位尤其是外企、合资企业，非常注重求职者的工作经历。这部分的基本内容包括工作单位名称、工作起止时间、所任职务及业绩等。对于刚毕业的大学生来说，虽无工作经历，但可写上打工、兼职的经历，如有社会工作经验和参与社会实践活动的可将自己担任过的职务或组织参加的活动写上，虽然这些活动或经验是短期的、不成熟的，却可以不同程度地反映一个人的某些优势，如组织能力、协调能力、领导能力、团队精神、成熟度等，这正是用人单位观察的重点。

(5)专长与成就

专长是专业范围内最突出最擅长的强项，它不仅指求职者所学的专业，还应包括求职者在工作、生活及因个人兴趣而具备的能力，而在求职者所具备的各种能力中，与求职者应聘岗位相关的专长尤为重要。在填写成就时，一要实事求是，二要具体、定量。

(6)语言能力

语言能力在求职过程中至少表现在三个环节上:一是简历填写,二是对自我外语水平的准确评价,三是面试过程中的语言驾驭能力。有些人过于看重外语能力而忽略了中文表达能力,其实除特殊情况外,大学英语四级水平,基本上已满足了用人单位对外语的一般要求,而驾驭中文的能力则是无止境的,你如果有此强项,定能弥补其他方面的不足。

2. 撰写简历的基本要求

(1)认真

认真是指整个简历的布局要构思精巧,书面整洁,不能结构混乱,一塌糊涂。写完简历要反复校对,消灭错字,避免出现低级错误。

(2)求实

求实是指简历内容力求真实,绝不虚构,所有的招聘单位都讨厌造假者,一旦被发现造假可能带来严重的后果。要陈述的能力、技能多用数字、事实来表达,用词避免过度的形容词,如"擅长"、"优秀"、"卓有成效"、"显著提高"等。

(3)简洁

简洁指简历要言简意赅,简明扼要,最好不超过两页 A4 纸,无须封面,无须宣传标语,诸如"给我一个机会,还你一个奇迹"等,因为这样的口号对于招聘人员而言,千篇一律,并不能提供有效的信息。

(4)易读

要求字大行稀,段落分明,避免繁杂,正文部分不多于两种字体,以便于阅读。招聘工作人员每天要阅读大量的简历,非常辛苦,看起来轻松一点的简历容易受到关注。

(5)一职一简历

针对不同应聘职位撰写简历,对症下药,投其所好,每一份简历只适用于一个单位或者一个职位,根据职位的要求取舍素材,判断重点。有许多求职者搞"简历批发",其效果自然不如个性化的"零售"策略。

(6)重点突出

简历中要针对职位突出自己可以胜任的优势,淡化不足,在内容的分布顺序上要先重后轻,突出你与别的竞争者的不同,重要内容等可加黑。

确切而言,简历的撰写并无一定之规、固定格式,只要能够引起招聘人员的注意,让其有兴趣读下去,都是成功的简历。

3. 投递简历的方式

投递简历有多种方式,效果各不相同,见表 4-1:

表 4-1　投递简历的方式

投递方式	过目可能性
邮寄	60%～90%
电子邮件	40%～76%
传真	85%～90%
招聘会递交	60%～90%
托人递送、快递	80%～100%

（三）推荐信和证明材料

高校的应届毕业生一般都有学校统一制作的推荐表，上面填上所修课程，学校加盖公章，并由相关负责人填写推荐意见，相当于对该生做的政治、学业和社会实践的鉴定。如果不是学校的应届毕业生，你可以找有名望的人士或在你谋求的某个职业方面的知名专家，请其写一封推荐信或在自制的推荐表上的指定栏目填上推荐意见也可以起到推荐的作用。

证明材料有很多种，凡是能证明你有某种素质和能力的书面的东西都可以整理成证明材料。常见的有毕业证、学位证、外语等级证书、计算机等级证书、获奖证书、技术鉴定证书、职业资格证书、职称水平证书。如果你参加过某种培训并结业，也可以将结业证书附在求职材料的简历后面。证明材料多用复印件，最好要有证明材料目录，这样既便于招聘单位的审核，也会给对方留下"办事周到，有条不紊"的好印象。建议求职者搜集尽可能多的证明材料，以提高自己的身价。

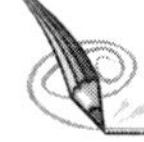

思考题

1. 大学生如何建立合理的知识结构？
2. 大学生求职应具备哪些基本能力？
3. 结合本人的实际，制作一份个人求职材料。

第五章 笔试与面试

人生如旅，大学四年学习生涯弹指一挥间，无论是刚刚迈入大学校门的新生，还是踌躇满志的毕业生，都将面临新的征程，从而开启人生的精彩篇章。如果说一封好的求职信是打开就业之门的"金钥匙"，那么，笔试和面试则是获取就业"入场券"的实战。本章主要通过分析求职中的笔试和面试两个环节，力求帮助毕业生掌握笔试和面试中的关键点和注意事项。

第一节 笔 试

求职者一般需要经历笔试和面试两个环节。笔试一般安排在面试之前。笔试主要考核求职者的专业知识和专业技能以及文字书写能力和临场应变能力。公务员考试、事业单位招考、大学生选调生和选聘生招考以及大型的国企、规范化的公司，普遍采用相对公平的笔试测试报考者的基本知识，测试求职者的心理素质等。

一、笔试的基本定义

笔试是指以试卷的形式罗列相关的问题，求职者用文字予以阐述，招聘者通过评判试卷内容考核求职者的基本知识和技术技能。为此，笔试具有针对性、专业性和客观性。

【案例分享】 认真笔试　贵在坚持

某应届毕业生张某向一家大型公司投出求职简历，人事部门告诉张某公司不予以接收。该生锲而不舍，再次发出请求函，人事主管终于同意其参加笔试。在偌大的考场中，该生从容不迫地答题并提前离开。鉴于优异的笔试成绩，张某最终被录用。

从张某求职成功的案例中可知，在求职中要认真对待每一次笔试，这也验证了"好事多磨，坚持就是胜利"。

二、笔试的考核特点

笔试，对于求职者而言，是一场公平的竞赛，对招聘单位或企业来说，也是一种考核求职者真才实学的较佳渠道。笔试具备其特有的考核特点，求职者在参加笔试前也应充分了解并把握笔试的如下特点。

（一）注重考核技术性和专业性较强的知识点

大部分大学生，尤其是应届毕业生对考试已经是轻车熟路，然而，招聘单位和企业笔试中的考题与学校的科目考核的题目具有较大差异。求职者应注重所应聘单位和企业所侧重的领域中的技术性和专业性的知识。

（二）注重运用知识的能力和分析问题的能力

通过书面考核，评阅人可以第一时间了解求职者文字表达的逻辑性与语言文字功底。文字表达能力较强者则会拔得头筹，占据较大优势。为此，大学生在新媒体时代不应一味依靠键盘打字处理文稿，而应该利用课余闲暇时间练习写字，一手好字也是寻找好单位和好岗位的“敲门砖”。

（三）主要运用于求职人员众多且竞争激烈的行业

部分知名企业和大型国企在招聘新员工时，特别希望通过笔试中的“差距筛选”来挖掘人才，给予每一位求职者一个相对公平的竞争平台。笔试这一环节的考核是一场公平竞赛。

三、笔试的主要内容

（一）综合能力测试

综合能力测试涉及的内容较为广泛，大体上包括以下几部分内容：命题写作、时政要闻、职业操守、人文知识等。同时也强调招聘单位或企业的工作范围和企业文化的考核。值得注意的是，综合能力测试已逐步得到重视并且渐渐被广泛采用。为此，即将参加面试的毕业生们要努力学好专业知识，将大学阶段所思所想所学在笔试中得以展现。

（二）专业知识考核

部分招聘单位或企业对求职者提出较高的要求。例如，公检法机关干部录用重在考核法律基础知识和应用技能；科研机构考察求职者的实验操作能力；外企公司关注求职者的外语写作能力。专业知识考核主要有如下几种情况：

（1）阅读文章，在 60 分钟内完成读后感。

（2）根据特定情境拟订会议通知和请求报告。

（3）听取公司主要负责人的汇报提炼总结。

(4)根据所给的科研题目,写出科研论文大纲。

(三)抗压能力测评

目前,绝大多数招聘单位或企业的抗压测试题目类型主要包括填空、是非、选择题。以此可以推断或判断求职者的态度、兴趣、动机、个性等,从而达到招聘所需要的适合单位或企业发展的人才,进而提高工作效率,争取最大的经济效益。

四、笔试的主要分类

(一)技术性笔试

在一些注重研发和技术的职位招聘中,招聘企业对相关专业知识的要求较高。笔试中的题目涉及的专业知识与毕业生在大学四年所学的专业知识是紧密相连的,与同学们在校期间的知识储备或有工作经验的求职者的知识积累密不可分。技术性笔试来不得半点马虎和虚假。

【案例分享】 技术性笔试见能力

就本科毕业的学生而言,技术性笔试主要考察基础知识、基本技能,把握和牢固掌握专业基础知识尤为关键。例如,中国移动公司的某位成功求职者在某次招聘中的最后一轮面试时说:"当时面试的内容主要是技术性问题,我都没听说过的技术,结果我只能结合自己的知识讲讲我的看法,结果过了,我猜他们可能只是想看看我有没有那个常识应聘编程职位。"

对于这类技术性岗位,大公司和小公司的笔试内容的侧重点有很大区别。一般小公司注重实用性,考得比较细,目的就是拿来就用。大公司则强调基础和潜力,所以考试内容比较广泛,多数都是智力测验、情感测验,还有性格倾向测验。例如,摩托罗拉公司曾经的笔试内容就主要是非技术性的,有很多英文阅读和智力测验。

(二)非技术性笔试

非技术性笔试是目前较常见的,这种类型的笔试对求职者的专业背景要求没有专业性笔试那么苛刻。非技术性笔试的考察内容相当广泛,除了常见的英文阅读和写作能力、逻辑思维能力、数理分析能力外,有时还会涉及时事政治、生活常识、情景演绎、智商测试以及情商测试。

【案例分享】 KPMG 笔试别有风格

KPMG 的笔试是典型的英文笔试,主要分为两个部分。

第一部分是阅读理解。这种题型并非等同于大学英语四、六级的阅读理解。第一,它更接近于商业英文的表达习惯,并不讲求句式的繁复和修辞的多变;第二,它注重逻辑思维能力的考察。

第二部分是数学。考察的重点不是你的数学运算能力,无论你是否学过微积分和导数的运算都并不影响你这一部分的发挥。

（三）公务员和事业单位招考

公务员和事业单位招考主要分为两类：A、B类。“A”类职务考试内容主要包括行政职业能力测试和申论。“B”类职务考试内容只有行政职业能力测试。与过去相比较，这两类考试都取消了较为死板的《公共基础知识》，且没有指定教材。

目前全国31个省、市、自治区都在不同城市设置报考点和考试地点，实现了报考者就近考试。公务员或事业单位的招考每年分为春秋两季，春季的考试一般在4月份的某个周末，秋季考试一般安排在11月份的某个周末。

五、笔试的准备工作

（一）保持良好的身心状态

临近考试时，求职者都会表现出不同程度的紧张。怯场也成为求职者在笔试中的较大障碍。求职者成功的第一步就是要保持考前的良好状态，不必过于紧张。如何保持良好的身心状态呢？

（1）适当参加课余活动，力求紧张的大脑得到暂时的放松。

（2）要让自己减轻思想负担，保持适度的焦虑是较好状态。

（3）参加笔试的前一天要注意休息，最好洗个热水澡，使自己尽快入睡，保证第二天考试的精神状态和审题和答题注意力。

（二）积极复习笔试的内容

求职者针对不同类型和不同内容的笔试，应在考前详尽了解，做好资料搜集工作，进而踏实复习。笔试的成绩与求职者平时的努力是分不开的。如果在笔试前做好充分的复习准备，考试时紧张程度将明显降低，正常的水平会得以发挥。

【案例分享】 只要你坚持 一切皆可能

曾经两次横渡英吉利海峡的世界著名游泳女运动员查德威克从卡塔里拉岛向加利福尼亚海岸游去，试图创造一个新纪录。

这一天，她在海里游了16个小时，实际上她已经接近了加利福尼亚海岸，当时雾气很大，海水只有华氏40度，她几乎看不见与其伴行的船只。她向船上的朋友喊：“快把我拉起来。”船上的人劝她不要向困难屈服，“只有一海里远了”，他们向她保证说。她在雾气中看不见海岸，她不相信他们，“快把我拉起来”，她再次请求说。她的朋友们把她从海水里拉起来。事后，她才判定其失败的原因是自我怀疑。雾气不仅蒙蔽了她的双眼，也蒙蔽了她自信的内心。

两个月后，她又一次尝试，大雾再次笼罩，她依靠强大的信念向前游去，最终获得成功。

求职者们，在你们就业的过程中，若能树立目标，请记得坚定你的信念并且相信自己，不要让暂时笼罩的迷雾击败你。

（三）参加笔试的细节问题

1. 听从指挥

求职者参加笔试的时候，要认真听取监考人员的安排和考试说明。在考试期间遇到问题，应及时举手示意，礼貌地与监考人员说明请示的内容。

2. 遵守纪律

在考前一定要认真填写好求职者本人的基本信息，听清监考人员或者试卷中的试卷说明，不必仓促开始作答，否则将适得其反。考试时一定要将手机设置成关机状态。

【案例分享】 认真是一种态度

现在的应届毕业生大致可以分为三种。第一种将全部精力投入学习中，“两耳不闻实习事，一心只读圣贤书”；第二种是偏重实践，或自主创业，或兼职实习；第三种人则比较少，他们不仅学习成绩优秀，而且在毕业时已积累了相当多的实习经历，即毕业评语中写着“不可多得的人才”的优质学生。某校学生吴某，虽然只是一个职校学生，但他在校期间没有放松自己的学习，同时还参加各种社团活动。沟通能力得到极大提高的同时，内向的他也逐渐变得外向和开朗，这一切为他日后快速适应职场环境及成长夯实了基础。态度决定高度，吴某的成功很好地诠释了“认真”二字。

（资料来源：《成才与就业》，第441期）

第二节　面　试

一、面试的基本定义

面试，是招聘单位或企业在招聘人才时采用的考核方式，是指求职者用口头表达的方式回答面试官的问题，展现求职者的综合能力和语言表达能力。

“请谈谈在校期间的学生干部工作经历”，“你觉得拿多少薪水是较为合理且符合你的期望值的”，“我们录用你的十大理由是什么”……在面试过程中，求职者将面对层出不穷的一些“拷问”，这就是面试。

【案例分享】 不受欢迎的六种求职者

第一种：不活络的人。这类学生多数属于“书呆子”，读书不错，但是有些呆头呆脑。靠死记硬背拼出来的好学生，动手和创新能力较差，社会经验和沟通协调能力较弱，招聘单位或企业不是很青睐这样不活络的人。

第二种：不合群的人。现代社会需要合作精神，沟通和协调是从业者的基本技能。倘若过于以自我为中心，不喜欢与人相处，对集体活动往往表现出淡然的态度，这样的人很难被公众所接纳，也很难在面试中脱颖而出。

第三种：无干劲的人。在大学期间努力学习，热衷尝试并能有所成就的毕业生，招聘单位会对他们的积极性和创新能力给予高度的评价。相反，如果是在慵懒中度过四年大学生活的学生，在就业竞争中就很容易败下阵来。

第四种：无责任感的人。那些无视他人存在、缺少责任感的人，不但不能干好自己的分内事，还会给别人的工作带来不良影响。这样的毕业生并不受欢迎。

第五种：无“个性”的人。“个性”是人生的亮点，有良好个性的人会产生一种人格魅力，让人觉得具有亲和力。相反，毫无闪光点的人在工作上难以取得突破。

第六种：装老成的人。如果毕业生为了给招聘单位留下“社会经验丰富”的印象，而刻意打扮得过于老成持重，其结果将会适得其反。

二、面试的基本特点

（一）直观性

人们常说：“是骡子是马拉出来遛遛”。面试是招聘单位和企业与求职者面对面地双向了解与考察，具有较强的直观性。在面试的过程中，招聘者对求职者的爱好、特长和能力以及谈吐等做出综合判断和客观评价。

（二）真实性

面试可以给笔试紧张未发挥好的求职者一次新的突破机会。通过求职者的临场应变能力分析其综合能力和挖掘其潜在素质，从而提高招聘单位选拔人才的质量和效果。

（三）灵活性

通过面谈、互问互答、快速判断等方式，招聘者能在较短时间内较为快速地判断求职者的应变能力和实际操作能力。同时还注重求职者的为人处世能力、公关协调能力和创新思维能力等。

三、面试的基本模式

（一）结构化面试

结构化面试，是指预先设计面试提纲，按照提纲依次提问，主要包括求职者的简介、专业知识、工作技能、工作经验等。公务员录用考试是一种典型的结构化面试。就公务员面试而言，其结构化面试突出面试的结构化和标准化。主要表现在如下几个方面。

1. 面试的测评要素以工作解析为基础

根据公务员面试的要求可知，其测评要素并非随意安排或布置的，而是在系统分析工作任务的基础上由专家小组最终确定。面试的目的是尽可能选出全面的人才来填补岗位的空缺，最大限度地发挥人员的工作效率和工作效能。倘若没有仔细深入地分析工作性能与任务，那么确定拟聘职务显得异常艰难。为此，以工作解析为基础确定面试的测评要素是公务员结构化面试的重要特点之一。

2. 面试的实施过程对求职者一律平等

在公务员结构化面试的过程中，报考同一职位的求职者回答的问题是一样的，并且面试的指导语、面试时间和面试的实施条件都是相同的。这些都为确保求职者在几乎相同的条件下接受面试。

3. 面试的评价标准具有规范性、可操作性

公务员的录用考试评价标准必须确保严格规范且具有可操作性。一般会根据分数梯度来确定等级。求职者的面试成绩最终是经过科学方法统计出来(去掉面试官中的最高分和最低分，最后得出一个平均分)。

4. 面试的考官团队具有科学配置性

面试的考官团队人数一般是5～7人。这些考官的所学专业、职务、年龄、性别等都会进行科学的配比和组队，其中选出较为资深的一位专家作为主考官。主考官主要负责向求职者提问并且总体把握面试的进程。

(二)综合式面试

综合式面试在大型企业或私人企业中运用较为广泛和普遍。人力资源部负责招聘的相关流程和综合面试中的具体考题。在综合面试中较为突出且应聘岗位较重要的进而进行“一对一”的面谈。

(三)自由式面试

面试者和求职者进行的谈话较为轻松，求职者可以自由地发表自己的意见和看法。面试者试图在闲聊中观察求职者的谈吐、知识与风度等。在这个过程中，可以发现许多细节问题和求职者的潜在能力。

【案例分享】 小故事大智慧

应届毕业生小柯参加一家企业的招聘会。在面试时，求职者一个个走进面试的会议室，见面试官身后的墙壁上贴着一张“告示”：“每个人只有5分钟时间，请你配合”。

许多求职者一进屋，面对如此要求均感到紧张，为抓住有限的时间，向面试官滔滔不绝地介绍自己的经历，即使面试官的电话响了，也不轻易中断自己的介绍。

轮到小柯时，谈话还没进行几句，办公桌上的电话就连续响起两次。小柯心想，与电话相比，面试的紧要程度还是次要的。于是小柯笑了笑，在铃声再次响起的时候拿起来递给考官。这时表情严肃的面试官露出笑容并且说道：“恭喜你，你被录用了”。

从这个故事中我们可以得知,面试的目的是考察求职者的能力和个性品质。这个面试中,电话就是刻意的现场设置,面试者认为能够主动中止面试而不影响接电话的人一定是一个顾全大局的人才。

四、面试的必要准备

倘若求职者想在面试中拔得头筹,就要在面试前做好必要准备。面试前的必要准备主要包括资料准备、心理准备、专业知识储备等。

(一)资料准备

这里提到的"资料准备"主要是指对就业信息的了解与知悉。顾名思义,就业信息就是与就业相关的信息,包括国家和地方的就业政策、人才市场的供需情况、招聘单位的招聘信息等。

1. 充分了解就业市场

就业市场分为宏观市场和微观市场,我们重在充分了解宏观就业市场,主要涉及国内外经济发展总体现状和发展态势、本省或本地区的就业指导政策、本届毕业生就业的总形势和总趋势、人才供需的比例结构等。

同时,经济发展水平与毕业生的就业也息息相关。经济发展势头强劲,毕业生的就业形势将良好,反之,毕业生的就业状况将不尽如人意。毕业生还要面对冷热不均的市场需求。为此,国家把引导毕业生到基层、到中小企业就业作为解决毕业生就业问题的重要途径。

马化腾曾说过这样一段话:"你该牢记,你的出路就在自己身上。在你以为出路是在别人身上或者别处地方的时候,你是要失败的,你的机会就包裹在你的人格中。你的成功可能性,就在你自己的生命中,正像未来的栎树隐藏在栎子中一样。你的成功就是你的自我之演进、开展和表现"。

【案例分享】 2013 **年职场展望**

"90 后"大批进入职场,备受各方关注;经济形势不佳,就业压力有增无减;电视剧《甄嬛传》热播,职场心计成为热议话题。2013 年的职场风向标在何方?一是服务人才需求旺盛。中国一线城市中,服务业在经济总量中的比重均已经超过 60%,杭州、重庆等经济发达城市也呈现一线特点。二是企业调薪更谨慎。相关数据显示,2012 年全国有 18 个省份调整最低工资标准,平均调增幅度为 19.4%。三是裁员风此起彼伏。2012 年中国制造业企业 500 强的营利能力均出现下降。在此背景下,裁员成为 2012 年职场频频出现的关键词。四是新职业态度带来挑战。"90 后"职场新人身上普遍存在影响职业发展的四大"病根":"心浮气躁,过于主观;个性太强,不懂妥协;想法很多,经验太少;规划不清,频繁跳槽。"五是海归回国发展热。

(资料来源:《成才与就业》,第 440 期)

2. 积极获取就业信息

(1)学校的就业指导中心

毕业生获取信息最方便、最可靠的途径就是从学校的就业指导中心获取。学校的就业指导中心主要职责在于对本校的应届毕业生进行就业指导，且保持与各级就业主管部门和各类招聘单位的密切联系。他们既熟悉就业的政策，也能最快领悟就业的最新政策，从而为毕业生提供更多的帮助。为此，应届毕业生要学会充分利用学校提供的就业信息，抓住最适当的机会选择适合自己的岗位。

(2)社会的人才招聘会

学校每年都会向各大企业发出邀请函，举办大型的人才招聘会或者小型的专长招聘会。这样的招聘信息对于毕业生来说也是非常重要的。特别是服装设计专业、食品专业等专业性较强的学生就能够在专长招聘会中找到比较适合自己的岗位和发展领域，而不是“大海捞针”。人才招聘会提供的信息量大，并且是招聘单位和求职者面对面沟通的场所，具有直接的双向选择性。毕业生们也不能盲目参加招聘会，也应该事先了解参加招聘会的企业类型，做到有的放矢，而不是盲从。

【案例分享】 得信息者得机遇

信息就是财富，信息就是生命，已成为当今社会的共识。

一个点子救活一家企业，一条信息架起通向求职之路的云梯，让求职者获得梦寐以求的岗位。关注信息就是关注自己的命运，占有信息即拥有财富。主动积极的择业之路，常常是从充分地占有信息开始的。

我们生活的信息社会，信息爆炸是其显著的特征。有人说，劳动力市场像大河，冲走的是沙子，留下的则是金子。冲走谁，留下谁，并不是由市场本身决定的。如果你能拥有大量的信息，准确地把握劳动力市场的发展趋势，你就会站在潮头，成为时代的弄潮儿。

(3)人才服务网站

新媒体时代的到来，给毕业生带来获取资讯与信息的新渠道。网络上的人才服务网站也是比比皆是。借助互联网的信息量大、覆盖面广和方便快捷的特点，上网投简历求职也是大势所趋。越来越多的企业也建立了企业宣传网站，求职者访问企业网站中的“人才招聘”栏目就可知悉该企业的用人需求。广大的求职者也要注意分辨网络中的真假信息，可以通过进一步查询企业信息和招聘岗位的信息，以防上当受骗。警惕性与自我保护意识是急于寻找工作的毕业生经常会缺乏的。

(4)人脉关系网

人脉关系网对每个人来说是一笔很有价值的财富。“多一个朋友，多一条门路”的古训告诉我们要建立自己的人际关系网并且充分用之。亲人或朋友的推荐，可能就会让你的求职道路比较顺畅。但是要提醒求职者，他人提供的只是就业信息或就业推荐，这与所谓的“走后门”“托关系”是完全两个不同的概念。毕业生们应在日常生活中有意识地扩大自己的交往范围，提高自己的人际交往能力和沟通能力，而不是让人觉得你是“无事不登三宝殿”。

【案例分享】　谁赋予你人脉关系网

找负责人。这种方法难度较大，因为你很难有与负责人见面的机会，你很可能要花费好几周的时间等待，以你的执着去打动对方。

找朋友。由于是朋友，所以特别真诚也特别实在，对你本人的情况也很了解，通过朋友介绍工作是一条比较靠谱且成功率较高的渠道。

找亲戚。向亲戚打听各种就业机会，以扩大找工作的范围，事前也应将自己的个人简历和基本资质及其考证情况予以简要地说明，方便推荐。

3. 及时反馈就业动态

就业动态必须进行及时反馈和有效判断，才能保证就业信息的有效性与实用性。倘若求职者能获取较为准确的就业信息，那么他们在择业中就能做出较为清晰和准确的判断。及时反馈就业动态主要涉及以下三个方面：第一，可信度分析，核对信息的准确性和真实性。第二，效度分析，对信息的实用性和针对性进行鉴别，看这条就业动态对自己是否有用。第三，内涵分析，对发布就业动态的招聘单位的企业文化、发展前景和人力资源政策等进行深入分析。

4. 随时等待面试机会

古语曰：“知己知彼，百战不殆”。毕业生在经过信息的搜集和处理之后，就需要做好面试的准备，而不是临时抱佛脚。机会总是留给有准备的人，如果只是每天做白日梦，有效的就业信息和极好的就业岗位也将与你说再见。

（二）心理准备

求职者在参加面试前要正视自己的缺点和肯定自己的优势。不管是在面试前和参加面试的过程中都应该做到不卑不亢、谦虚谨慎和真心诚意。

1. 不卑不亢

求职者在接受面试的时候，会感到紧张或些许的不自信。会由于紧张变得手足无措、前言不搭后语、逻辑混乱等，面试的结果也将是差强人意。求职者应在进入面试考场时，深吸一口气，自信大方地走进考场面对各位主考官。在面试时多想想自己的优点和过人之处，从而增强自信心。也建议求职者可以借助手势或者其他较为缓慢的动作来缓解紧张气氛和克服紧张心理。

【案例分享】　相信自己

自信，是一种坚定的人格品质。“我行”是成功者自信的表现。只有自信才能体验成功的喜悦，只有自信，才能享受人生的快乐。在招聘现场，自信让你才华绽放；在社交场所，自信使你魅力四射。在职业生活中，自信引导你不知疲倦地攀登，直至成功。然而，许多人对自己信心不足，不管遇到什么事情，总认为这不可能，那个不行。

这种人往往过低地估计自己的才华和能力，而过高地估计前进道路上的艰难；往往过多地注意生活中的不幸，而看不到生活的精彩。如果你遇到不信、困难或挫折，千万不要垂头丧气。你要重估自己的力量，清醒地评价自己，客观地对待现实，你会发现，原来许多事情并不像你想象的那样难办。找回自信就是获得成功的开始。相信自己吧，因为自信是一种强大的力量，它能让你在最艰难的时刻，坚持到最后的成功。

2. 谦虚谨慎

有人说："你感到巨人高不可攀，只是因为自己跪着"。求职者要坚定自己的信念，正确且客观地进行自我评价，不骄不躁，谦虚谨慎。要保持自己的独立人格和尊严，堂堂正正地进行独立面试，名正言顺地竞聘自己心仪的岗位。

【案例分享】 学会放低自己

学生周某是一个爱上网、爱自拍且有点害羞的男孩。有人说"90后"是按照科学喂养的一代——温室、大棚、阳光、肥料，一切都是充足的。"暖棚"里的孩子容易为自身的富足感到满足，因满足而目空一切。个性、大胆、早熟是"90后"的标签。但周某却与众不同，他身上仍然保留着许多传统的优秀品质——温和、乖巧、勤奋、谦虚。也正是因为这些品质，周某成为学校里的佼佼者，在实习中表现优异。卓越不是天才的专利，而是每个人都具备的闪光点；聪明不代表智商的高低，而在于一个人是否善于对自身的潜能进行挖掘；成功无关站得多高，重在学得多深、看得多远。

（资料来源：《成才与就业》，第440期）

3. 真心诚意

正确的面试心理不仅需要上面提及的不卑不亢和谦虚谨慎，也需要真心诚意的态度。求职者应认真对待每一个环节，充分准备面试中的每一个环节。只要你真诚地对待面试，认真回答面试官的问题，他们也能感受到你的真诚与专注。

【案例分享】 几部适合职场新人看的电影

《秘书》：遇到一位追求完美且耐心比较差的上司时，要记住万事必须筹备齐全。

《打工淑女》：有一种上司，平时鼓励你、支持你，在你的言行出现状况时，能因为你缺乏经验而原谅你，遇到这样的上司，请珍惜。

《穿PRADA的恶魔》：这个上司看上去总是在挑战你的极限，实际上却让你学到了很多东西。遇到这样看似冷淡的上司，看看他是否是外冷内热，再决定怎么做。

（资料来源：《成才与就业》，第442期）

（三）专业知识储备

从事任何工作都需要掌握必要的专业知识和技能。招聘单位也非常注重对求职者的专业知识的测评。求职者应该根据自己所学的知识进行恰当和适度地引申，自信地表现出对所学专业知识的熟练掌握。罗马非一日建成，毕业生们要善待在校学习的每一天，学好专业知识，做好面试的知识储备工作。而这项工作只有靠个人的主观能动性来充分调度，任何人无法帮你完成。

【案例分享】 天才就是勤奋

某计算机软件开发公司招聘了两名大学生，小新毕业于某校数学专业，小刚则专业学计算机软件开发。进入公司不久，小刚就以专业优势，再加上自己的努力，为公司编写了大量的应用软件，其中几个软件还成为热销产品。小刚也因为自己的表现而洋洋得意，开始以科班出身自居，泡吧打麻将，玩得不亦乐乎。小新则白天工作，晚上自学计算机的专业知识，最后成为软件开发专家。在飞速发展的知识经济时代，在明天的竞争中，需要不断更新知识，不然必遭到淘汰。学如逆水行舟，不进则退，天才就是这样炼成的。

五、面试的应对技能

（一）报考国家公务员的技巧

1. 面试状态积极向上

公务员面试的场合严肃、正式和规范，并且还有一部摄像头在跟拍。不少求职者因为那个摄像头而变得拘谨和紧张，以至于难以发挥出全部的潜力和最佳的表现力。为此，求职者在面试的时候不要紧张，要最大限度地将注意力集中在面试官所提出的问题上。不必去追求一鸣惊人的语言，而是清晰有条不紊地让面试官了解你所想表达的中心意思就是面试时候较佳的状态。

2. 回答问题实事求是

求职者回答问题应从实际出发，理论联系实际，不夸大，也不卑微，将自己的实力展示出来。与此同时也要毫不掩饰自己存在的问题，不要说假话。在公务员面试中有部分面试官将可能是求职者的同事或者领导，为此你若说的是假话，在日后的工作中也将被怀疑。

3. 回答问题条理清晰

公务员的面试时间为 30 分钟，包括思考和回答问题的时间。求职者在有限的时间内如何打动面试官是一个很重要的问题，回答问题时要条理清晰，抓住重点。

（二）国有企业招聘和就业策略

1. 国有企业的特点

国有企业，是指社会主义全民所有制企业，控制着国民经济的命脉，起着主导性作用。我国的国有企业推行全员聘用制，即企业拥有自主招聘员工的权利。改革后的用人机制，将极大地提升企业选择人才的自由度和空间。

2. 国有企业的就业策略

（1）面试小组是由招聘单位的人事部门相关负责人组成的。但因为体制的限制，最终拍板决定是否用人的还是主管。经过简历的筛选环节进入面试阶段的求职者往往是比较优秀的。面试往往也成为求证求职者个人信息的环节。

(2)国有企业不喜欢面试中个性张扬的求职者,举止得当的人更容易得到面试官的青睐。

(3)国有企业一般对学生党员和学生干部比较感兴趣。在面试的过程中,素质较高且在大学期间已成为中共党员或中共预备党员的求职者很容易得到关注。

(4)国有企业更乐于看到甘于奉献的员工,在提到薪酬待遇时,求职者如果很中意所求职的岗位,建议适当放宽自己对薪酬的要求。

(三)民营企业招聘和用人特色

1. 民营企业的特点

民营企业,是指在所有制关系上属于劳动者个体所有或采取资本联合经营的非公有制经济形式,主要有公司制企业、个体、私营企业等。目前,民营企业的用工体制是劳动合同制。

2. 民营企业的应聘策略

"包分配"的时代已经渐渐远去,毕业生们都将面对严峻的就业形势,且绝大多数的毕业生都将进入民营企业工作。在面试时,看似简单的问题却暗藏玄机,毕业生们如何赢得面试组的青睐呢?

(1)你觉得自己能在这个职位上取得何种成就?

参考回答:对我个人而言,这是我职业生涯中最适合自己的一份工作。几年来,我一直在研究这个领域并且关注贵公司,一直希望能有这样的面试机会。我拥有必备的技能(可以结合自己的个人故事进行说明),我非常适合这一职务且能胜任。

(2)你最大的长处和弱点是什么?

参考回答:从长远来看,我相信自己最大的优点就是拥有较为理性的头脑,能从混乱中整理思绪。我最大的弱点是对那些没有秩序感的人缺乏足够的耐心。我深信自己的组织能力可以帮助企业很好地实现目标,同时处理好与同事的关系。

(3)你怎样影响其他人接受你的看法?

参考回答:对于好的想法,甚至是伟大的想法,人们有时并不接受。我现在认识到这样一个事实,就是你表达想法的方式同想法本身一样重要。当我试图影响别人时,我一般会假设自己处在他们的位置上,让自己从他们的角度看待问题,然后再陈述自己设想的更有可能操作和实现的想法。

(4)上下级之间怎样交往?

参考回答:我认为,能在企业各个层面上清楚地进行交流,这对工作至关重要。我认为自己已经在这个方面培养了较强的能力。从上下级关系来说,我认为最重要的是应该意识到每个人以及每种关系都是不同的。对我来说最好的方式就是始终不带任何成见来对待这种关系的发展。

(5)为实现自己的目标你会做出怎样的努力?

参考回答:对我来说,如何努力工作不是问题。我做事的原则是,一旦我有了一个目标或者分到一项重要任务,我就会尽我所能努力工作,实现预期目标。为此,重要的就是尽可能简单和顺利地完成任务。

(6)找工作时最看重的是什么?

参考回答:我希望找到的工作能发挥我的长处,比如……(可适当罗列自己的技能),我认为还有一件事非常重要,就是我在企业中的作用要与企业的目标联系在一起。如果工作中偶尔有些挑战,让我超越自己目前的技能水平,那是非常理想的状态。

以上的回答参考了上海建桥学院毕业生就业指导中心的指导材料。求职者通过了解问题的实质,能有针对性地回答问题,真实地展示自我,获得招聘者和招聘单位的认可,进而获得成功和机会。

六、面试的注意事项

(一)面试前的形象准备

形象准备,是指求职者的仪容仪表、行为举止等外在的显性的总体形象准备。得体的仪容仪表和行为举止会给求职者加分,也将给招聘单位留下美好的第一印象。

郭沫若先生曾说:"衣裳是文化的表征,衣裳是思想的形象"。在现代社会生活中,服饰的搭配应当注意遵循"TPO"原则,TPO 即 time(时间)、place(地点)、occasion(场合)的缩写。

(1)着装的时间原则包括三层含义:第一,每天晨间、日间、晚间三段时间的变化。第二,一年中春、夏、秋、冬四季变化。第三,时代的差异。

(2)着装的地点原则也称环境原则,不同的环境需要与之协调的服饰。

(3)着装的场合原则是指着装要与公共场所的气氛相和谐。

(二)面试中的语言能力

求职者应重视面试表达中的逻辑问题,尽量避免面试时出现明显的逻辑错误。建议求职者注意以下三个方面:

(1)尽量回避面试中不必回答或不重要的事情。做到人事问什么答什么,倘若东拉西扯说得太多,在容易紧张的情况下难免会出现差错。

(2)在必须回答问题时,应尽量做到真诚、坦诚。人无完人,企业人事也会明白员工总会有或多或少的缺点,只要这个缺点不是企业文化所忌讳的,就可以容忍。

(3)合理陈述事实,争取获得企业人事的理解。

【案例分享】 21世纪人才的七大特征

有关专家指出,21世纪人才的七大特征,分别如下:

(1)具有高尚的思想品质、时代责任感,勇于担负时代赋予的神圣使命。

(2)具有明确具体的奋斗方向,积极向上、不断进取,不达目的不罢休。

(3)具有全球意识和国际竞争意识,敢于面对崭新世纪的挑战。

(4)具有扎实的基础知识、深厚的专业知识和广泛的科学前沿知识。

(5)具有较强的吸收容纳能力,通过学习和实践不断丰富自己的知识和阅历。

(6)具有观察和分析及思考能力,能透过现象看到事物的本质,并将自己的成果准确、清晰、有效地展示出来。

(7)具有较强的创新能力,不拘泥于现有的模式,通过科学分析、合理推测、大胆想象和成功实践,创造新的社会及自然科学成果。

(三)面试后的经验总结

面试结束并不意味着求职就告一段落。求职者应积极地做好面试后的工作,如给招聘单位写感谢信,写面试后的心得体会等。无论面试中的表现是极为优秀,或者是差强人意,每一次面试都是对自己的锻炼,都应该做出经验总结。

1. 面试后的感谢信

绝大多数求职者在面试结束后的行为表现大不相同。有的求职者在走出面试场的时候会礼貌地对面试小组成员说声“谢谢”,同时轻轻地关上门。反之,有的人则是扬长而去,虎头蛇尾。与此同时,在面试之后给招聘单位写一封感谢信会让你收获不一样的结果。感谢信是面试后的点睛之笔。那么,一封恰到好处又能引起共鸣的感谢信应该包括哪些内容?

(1)告诉对方,面试使你更加了解对方的企业文化和企业发展前景。

(2)再次表示求职的诚意,并且将自己的个人目标进行简要地阐述,给面试官进一步的印象。

(3)根据面试中所了解的情况再次强调你个人的资质与能力,表示能胜任所求职岗位的绝大部分工作。

(4)说明和澄清自己在面试回答中所忽略的问题,并在感谢信中做出进一步的补充回答。

2. 面试后的总结

无论面试结果如何,求职者都应该从中总结经验,弥补不足,尽可能发挥自己在面试中的优势。那么,面试后的总结应从哪些方面着手呢?

(1)是否充分准备面试?

(2)是否表现出最佳的仪容仪表和举止风度?

(3)是否在面试中表现得异常紧张?

(4)是否较迅速地抓住面试官所提问题的核心要点?

(5)面试者对自己的回答是否感兴趣?

【案例分享】　面试记录(评分样表见表 5-1)

表 5-1　　**评分样表**

姓名：　　考号：　　报考职位：				
面试主考注意：请根据求职者的行为表现及回答做出每一项评价等级的选择，用打“√”的方式。				
评价项目	优 8 分	良 6 分	中 4 分	差 2 分
1.求职者的仪表和姿态是否得体?				
2.求职者的语言、表情和自我表现能力如何?				
3.求职者的体质是否能胜任此份工作?				
4.求职者的事业心和工作热情如何?				
5.求职者的综合能力如何?				
6.求职者的应变能力和交际能力如何?				
7.求职者的创新能力和想象能力如何?				
8.求职者的组织协调能力如何?				
9.求职者的口头表达能力如何?				
10.求职者的专业知识和特长是否符合所应聘岗位?				
11.求职者的风险和竞争意识如何?				
12.求职者的工作经历和实践经验如何?				
13.求职者的职业道德如何?				
14.求职者的综合素质能否胜任此项工作?				
综合评语及录用意见：				

思考题

1. 如何搜集就业信息? 如何辨别真伪信息?
2. 针对民营企业的面试，应该注意哪些问题?
3. 求职者在面试前可以做哪些准备?

第六章 职场适应与职业发展

告别精彩的大学生活，毕业生即将步入实现自我价值的职场。在人生职业道路上，面临着新的机遇和挑战，应该如何选择？是迎难而上，学会调整自我，掌握角色转换必备的能力，顺利实现职业角色转换；还是随波逐流，盲目从众呢？本章主要讲解职场适应的方法以及如何认清职业发展的方向，促使毕业生提升自我管理与社交能力，进而早日度过职场适应期，成为一名合格的职场新秀。

第一节 角色转换与职场适应

根据麦可思研究院(MyCOS Institute)独家撰写的2012年就业蓝皮书《2012年中国大学生就业报告》显示，2011届全国大学毕业生中有34%毕业生半年内发生过离职，工作不符合自己的职业期望可能是造成毕业生离职的主要原因。其中近九成属于主动离职的"跳早族"，人数共计约224.4万。有的毕业生抱怨道："'跳早族'的出现都是先就业后择业的结果"。"先就业后择业"目的是要告诉毕业生选好一个平台作为职业生涯的起点，可毕业生往往是用骑驴找马的心态对待工作，无心于自我角色转换，势必引起雇佣双方的矛盾，跳槽也便成了家常事。

一、初入职场如何面对角色调整

大量事实证明，从大学生到职业人的角色调整较快的人，能更早得到企业的赏识、重用，更快地寻找到有利于职业发展的契机。职场新人要顺利实现角色调整，首先应该认识职场、认识自我，做好定位，才能够缩短在职场初期摸索、尝试的时间。

(一)认识职场，做好定位

了解职场的过程，也是对职场进行定位的过程。首先要确定自己是谁，适合做什么工作；其次，告诉别人你是谁，你可以做什么工作，并且在这个职位上能帮助企业获得什么利益，能为企业创造多少价值。

在走上工作岗位前，先寻求自我认知。先明确自己想要什么，紧接着落实规划。对于职场新人，找到适合的突破口，经营好自己的长处，是完成职业生涯规划的先决条件。目标确定了，要防止来自外界的诱惑引起职业方向的随意改变。在遇到困难时不能轻易放弃，除非大量事实证明规划需要重新调整。外界的诱惑包括金钱、爱情、名誉、地位以及无法兑现的诺言。定期盘点自我优缺点，与诱惑保持安全距离，才能有健康的发展空间。

其次，避免过度反省，实践出真知。过多的反省，有可能会让毕业生陷入白日做梦的危险。要么过高评价，要么畏首畏尾，无法在现实生活中找到适合自己的职业契合点。毕业生在规划之前可以通过询问有丰富工作经验的前辈或长辈，可以更全面、更宏观地看待自己所选择的职业领域和方向。选定择业领域和方向后，毕业生应果断采取行动。前方的路是要靠自己走的，你可以选择摸着石头过河，也可以借助“巨人”的肩膀，毕业生迈出第一步是决定成功的关键。行动比反思来得重要，如果没有大胆进行实践与探索，待到机遇的保鲜期已过，必将追悔莫及。

此外，还应该学会做好自我宣传工作。在适当的时机展现自己的优势，但切记太过刻意地展示自己的特点。毕业生只有这样才能让上司、同事发现你的价值，从而获得更多的机会。展现个人才华可以通过你的创新能力、表达能力以及在组织中的协调能力。

（二）职场新人与大学生的区别

为了帮助毕业生认清自我，做好定位工作，从以下三个方面简要说明大学生与职场新人的区别。

1. 所承受的压力不同

走上工作岗位的毕业生，时常怀念在学校期间的生活。学生时代，压力主要来自于学习，而走上工作岗位，职场竞争的压力来自四面八方，例如，生存压力、人际交往的压力、职务晋升压力等。

在校期间，大学生触犯校纪校规，虽说会受到学校的行政处罚，但以批评教育为主。作为职场新人在工作期间出了差错，有的会受到与自身利益相关的经济处罚，有的还要承担社会责任，若触犯相关法律法规，还要承担刑事责任。

学生时代的人际交往比较单纯，血气方刚的大学生可以直言不讳。肢体冲突也时有发生，但时间可以修复各种矛盾带来的伤害。职场新人若口无遮拦，必将带来灾难。面对形形色色的同事，需要设计出因人而异的处事方法，面对傲慢无礼的人，说话应该简洁有力，少说废话；对于行动迟缓的人，要有足够的耐心；对于沉默寡言的人，应该采用直截了当的方法。总而言之就是要小心谨慎。

学生阶段的竞争压力主要来自学习，学习成绩是评判一位同学优秀与否的一个重要方面，只有学有余力了，才能够保质保量地完成老师安排的任务，争取评优评先；只有把学习搞好了，才能够帮助其他同学，从而成为意见领袖，获得扎实的群众基础。

走上工作岗位后，做好本职工作只是必要条件，若做不好将面临离职。埋头苦干，也不一定能够升迁。要想晋升，需要明确职业方向，善于抉择，勇于创新，敢于展示自我。

【案例分享】 化竞争压力为职场动力

麦当劳第一位中国籍副总裁缪钦的经历足以证明面对竞争压力，努力工作固然重要，它仅仅是职位晋升的必要条件，在逆境中提高职场竞争力，才是解决问题的关键。1993年10月，时年20岁的缪钦来到厦门闯荡。他第一份工作是在麦当劳当服务员。因为薪水不高，只能与另外三个同事在郊外租住四人间的民房。月租花销占去工资的四分之一，为了省钱，每日起早贪黑徒步往返公司。为了实现职位晋升，他比其他同事在工作上付出更多的努力。每日除了额外工作1.5小时，回家后，还会仔细阅读麦当劳的《工作手册》。然而，在其他三位同事相继晋升后，他依然在原工作岗位上原地踏步。

缪钦认为麦当劳不是一个公平的地方，他比别人做得多，却晋升无门。再三思考下他提交了辞职报告。

经理让缪钦换到对方的立场，找出另外三个同事比他做得好的地方。在换位思考后，缪钦顿时发现：阿刚虽然不加班，但是做事效率奇高；阿群特别讨小孩子喜欢……第二天，缪钦选择继续留下来端盘子。在抱怨环境的时候他学会改变思维方式，要改变自我。正因如此，后来他做到了麦当劳第一位中国籍副总裁。

2. 生存环境不同

大学生所处的校园环境比较单纯。早上从宿舍出发到食堂吃早餐，再到教室上课，下课后，到教室或者图书馆学习，学习结束后到宿舍休息。生活节奏比较缓慢，紧张的学习也只是具有阶段性的。

面临工作压力的职场新人，生活节奏加快，加班成了家常便饭。难得不用加班，有时还需参加同事间的聚会。参加体育锻炼成为一件非常奢侈的事情。加之有时需要到外地出差，面对着陌生的环境、陌生的人，容易产生失落感。缺乏工作经验和交际技巧的职场新人，时常一人独处，忍受寂寞带来的压力。

3. 学习内容和方式存在差异

大学生知识积累主要来自于课堂学习，主要培养自身的理解、逻辑思维、记忆能力等；有较完善的教学计划，课堂上以老师讲授为主，课后学习自主性大，学多学少自己说了算；在学业上有一定的依赖性，遇到困难还有老师帮忙；学习时间弹性较大，课程安排比较灵活，给予大学生更多可以自由支配的时间，获取自己所需、所感兴趣的学习内容。

职场新人技能的提升主要来自于工作中的学习，工作需要的能力很多：沟通、协调、操作、洞察、计划、领导、执行力等。企业不会选派像科任老师那样的员工给予技术指导，学习新的技术全要靠毕业生的自主学习，用人单位只负责安排工作任务，具体执行计划必须由毕业生完成。遇到困难，首先要学会自救，工作时间相对固定，学习时间相对较少。

二、顺利实现职业角色转换必备的能力

职业角色转换是一个过程，它不会在大学入学时就做好设定，一毕业就成功转变。这种转换需要实施者花费时间和精力，通过对所学专业知识与个人特性相结合的重组与内化，以在职场中的适应程度和综合表现来检验职业角色转换程度。为了帮助大学生在临近毕业时顺利实现角色转换，下面介绍在三个重要阶段所要完成的任务。

（一）在校期间学习期——职业素养认知与培养

舒伯职业生涯彩虹图说明学生角色与职业者角色具有连续与相关联性。人在25岁之前，学生角色的颜色面积远远大于职业者角色面积，表示学生角色投入的程度较多；在25岁之后，职业者的颜色面积远远大于学生角色面积，表示在这个阶段步入社会，需要承担相应的责任。25岁前后，正是由学生向职业者转变的过程。大学本科四年的学习积累，为今后顺利转变角色打下了坚实的基础。

在这个阶段应该加强了解相关职业的发展，培养从事社会工作的职业素养。

1. 诚信意识

诚信意识是新人职场适应期无法回避的问题。毕业生诚信履行用工合同，不但是对用人单位负责，也是对自己负责。招聘企业发现一位毕业生虽有供职多家企业的经历，但工作时间都不到一个月，企业固然不会招聘这样的毕业生，一方面会增加企业招聘成本，另一方面也不利于在职员工的团结、稳定。因此，要求毕业生在校期间从小事做起，培养诚信意识。在考试中做到诚信考试；在与同学的交往中，做到以诚待人；在完成组织安排的各项任务时，说到做到，准时高效完成。坏习惯是容易养成的，有的同学作业未能按时完成并没有愧疚之意，认为补交就可以解决问题，老师没必要这么较真；有的同学向舍友借钱，未能及时归还，也不说明缘由，结果给他人留下常常失信于人的坏印象；有的同学犯了错误，轻易答应老师要改正，而实际上坚决不改……种种这些，都在无形中养成了失信的习惯。要想在今后的职业生涯中有所建树，养成诚信的习惯必将成为最具竞争力的品质之一。

任何人都不会愿意与一个没有诚信的人打交道，在一次针对大学生群体做的《个人品质受到喜欢的程度》问卷调查中，诚实守信成为被高度喜欢的品质。为何还有那么多的同学在走向职场时，却选择了一条与自己崇尚的理想背道而驰的道路呢？前面提到的"跳早族"成为企业怒斥的对象，毕业生不守信，毁约现象频发，这势必会增加用人单位对学生的不信任感。究其原因是诚信教育在日常生活中未深入同学心中，未能形成一种习惯。当诚信成为一种习惯时，即便是再有诱惑力的岗位或者企业，毕业生们也不会频繁跳槽。大学生不应总是这山望着那山高。

2. 自律意识

遵纪守法是现代社会公民的基本素质和义务，是保持社会和谐安定的重要条件。高校有校纪校规在制约着同学的言行举止，为学生创建平安校园，创造优质的学习环境；在企业，有管理员工的各项章程，目的是为了创造一个公平、公正、有序的职场竞争环境，同时也有利于促进企业各个部门团结协作，充分发挥员工的聪明才智，从而促进企业的健康、高效发展。毕业生能够克制自己的偏好，克服自己的弱点，约束自己的行为，也是职场角色顺利转换的表现。毕业生在职场中，应明确什么是该做的，例如，规划职业人生，向前辈学习企业文化、业务知识；哪些是不能做的，例如，避免不利于自身发展的事情的发生。有的公司之所以会规定不得在工作时间使用QQ，就是为了避免员工闲聊，导致工作效率低下。有的毕业生不仅做不到这点，而且还喋喋不休，从别人的家事到公司待遇非得打听得清清楚楚，但这些事却与工作毫不相干。由于自己缺乏自律性，不仅无法给别人留下好印象，而且影响到其他同事的正常工作。有的毕业生喜欢贪占公司的便宜，将私人材料用公司的打印机打印，用公司电话打私人电话，煲电话粥，试想一下，哪个老板会重用公饱私囊的员工？有的毕业生人前一套，人后一套，原因在于在领导面前表现得非常积极，领导离开后，就放松自己或者偷懒。在团队接到任务时，总是以新人自居，专挑风险小的任务，或者只会按照别人的嘱咐做事，天真地认为这样可以不用负责任，这种心态给人留下一种目光短浅的印象。

在校期间，一方面要严格遵守学校的各项规章制度，如宿舍管理制度等；另一方面应严格要求自己，学会自律自制。在道德方面要学会做人，学会做事，注意从点滴小事做起，坚持高标准严要求，重视自身的道德修养，做一个人格高尚、品行端正、有较高文明素养的大学生；在时间管理上，进行合理的安排和计划，使时间得到合理有效的使用，不能漫无目的地盲目学习；在学习上应该转变观念，由要我学变为我要学，自我加压，增强学习的动力；在生活中，养成有规律、有秩序的生活习惯。做事要有计划，事后要有总结，不能想到什么就做什么，生活杂乱无章，没有头绪。做事不要拖拉，要雷厉风行，此外还应做到交友自律和消费自律。

3. 自我管理意识

自我管理主要体现在对个人的时间管理和压力管理两个方面。不论在学习期间还是工作阶段，如果处理不好这两个方面，对学业和事业会产生较大的负面影响。因此在学习阶段，就应该形成良好的习惯。

在时间管理方面，今日事今日毕，是很多高效人士总结出来的宝贵经验，人们要想做好并坚持执行是一件非常困难的事情，没有坚强的意志，很容易就放弃事先的计划，最常见的就是拖延。有拖延习惯的同学，面对困难，知道自己该做什么，却迟迟不去做。但是归结起来还是时间意识淡薄，养成拖延的习惯。最好的解决方案就是列出计划，可以是长期计划、短期计划，也可细分到当日的工作计划。现在越来越多的企业要求员工写工作周报表，除了记录当日的工作计划外，还涉及未完成的工作及原因，如何解决问题，在工作中有需要企业统筹协调的有哪些，等等。同学们应该意识到，拖延不但会让你错失良机，可能会加重压力感。

压力管理在现代高速发展的社会是一项必备的技能。个体的发展，在每个阶段都需要应对新的要求。没有压力，就没有成长。但是我们应该清楚认识到，压力具有双面性。适当的压力可以催人奋进，促进个人成长；但也应该看到，过大的压力会使得身心受到伤害，压力的产生有内在原因，即个体因素。面对同样的问题，个体间不同的素质、不同的个性特征、不同的挫折经验储备决定其对压力的感受是不同的。也有外在原因，即社会环境因素。社会环境因素又分为宏观环境和微观环境。所谓宏观环境，主要指国际国内政治、经济、教育、文化、就业、制度等诸多关乎国计民生发展状况的社会环境因素；所谓微观环境，是指大学生群体生活成长的小环境，主要包括家庭环境、校园环境、生活氛围、学习氛围、人际关系氛围等方面。

【案例分享】　压力是过劳死的祸根

近些年来，时常有高级科研人员或者白领过劳死的案例。上海普华永道会计师事务所审计部门的一名入职仅半年的员工小潘，是上海交通大学 2010 年毕业的硕士，入职半年，在普华永道审计部门工作。不久前，由于过度劳累引发急性脑膜炎，她曾患病毒性感冒，反复高烧，终因急性病症治疗无效去世，年仅 25 岁。她微博曾经一再说“很累”“很疲惫”“工作很多”。

如何正确地排解压力，并将其转化为动力，这是毕业生在职场中需要掌握的技巧。首先应该学会克服困难，提升自身解决问题的能力，把大量的精力浪费在担心将来可能出现的灾难上，会使你无法投入到当前的生活。让明天最保险的办法，就是充分利用今天的时间，创造价值。其次，调节看待压力的思维，重新定义压力，减少压力带来的负面情绪。人们感受到的压力与烦恼与心里怎么想的有关。艾利斯的“ABC”理论在如何正确看待压力的问题上，给毕业生很大的帮助。A 代表激发事件（activating event 的第一个英文字母），只是引发情绪和行为后果 C(consequence 的第一个英文字母)的间接原因，而引起 C 的直接原因则是个体对激发事件 A 的认知和评价而产生的信念 B(belief 的第一个英文字母)，即人的消极情绪和行为障碍结果 C，不是由于某一激发事件 A 直接引发的，而是由于经受这一事件的个体对它不正确的认知和评价所产生的某种信念 B 所直接引起。第三，调整生活方式来缓解压力带来的负面影响。保持一颗平常心，顺境时，不可大喜，逆境时，不要大悲。

【案例分享】　压力试“金”　挑选人才

日本松下电器公司计划招聘 10 名基层管理人员，报名应征者竟达数百人。经过一番严格的笔试和面试之后，评选出了 10 名优胜者。当公司总裁松下幸之助对所有的录取人员名单审核时，发现一名年轻人总分应名列第二，可是计算机在排分时把名次给排错了。松下立即派人给这位年轻人补发了录用通知书。第二天，下属报告给松下一个令人震惊的消息：那个年轻人因未被录取而跳楼自杀了。松下沉默了许久，这时，旁边的一位助手忍不住说："真是太可惜了，这么一位有才华的年轻人公司都没录用到。"松下沉重地说："不，幸亏公司没有录用他，意志如此脆弱的人是难成大业的。"这一事件表明，坚韧不拔的毅力、百折不挠的意志、宠辱不惊的品格以及良好的心理素质对于成就事业是至关重要的，认清自己的价值，相信自己的能力，能够承受打击和勇敢地面对压力，是每个人人生中一笔巨大的财富。

（二）企业顶岗实习期——半职业化的角色转换

到企业里顶岗实习是一个关键期，对于毕业生职业化起着承上启下的作用。下面说到的三个方面内容，在大学生活过程中，不论是教师还是教育管理者都会重点培养学生这几方面的能力，同学们也会在实践的过程中总结经验。但学校毕竟不是社会，走上工作岗位后，与同事或多或少都存在利益关系，如果处理不好，在不经意间就造成"十面埋伏"的惨境。在企业顶岗实习阶段，毕业生们的身份还是学生，企业按照员工的标准挑选适合的毕业生留在企业工作。但考虑到实习生的身份，较之企业员工包容性会大很多。毕业生们应该充分利用好这段时间，提升自身的综合素质，为迎接更大的挑战做好准备。

1. 加强人际交往能力

在丹尼尔·戈尔曼被誉为"情商之父"之前，人们对优秀人才的认识和评价更多局限于传统智商或专业技能上，丹尼尔·戈尔曼第一次将情绪及其影响力带入管理学领域，真正区别出色人才的因素不是智商和认知能力，而是情商。他说社交能力是情商的组成部分之一。由此可见，人际交往能力在职场中起到的重要作用。在大学期间，在人际交往方面，应该掌握一些基本的技巧。第一，以诚待人。为什么心胸宽广的同学在遇到困难时，能得到众人的帮助呢？这正印证了得道多助，失道寡助的道理，树敌太多，容易被人落井下石。第二，不欺不诈。利用欺诈的手段获取利益，也许有过成功，但是却会失去更多，谁会愿意跟一个见利忘义的人合作呢？第三，学会换位思考。在处理同学间的矛盾时也起到重要的心理调节作用。

在实习阶段，还应该注重以下素质的培养。

第一，与人交往时，保持适当的距离。情侣间有条原则，距离产生美，如果两个人老是"黏"在一起，出现矛盾的概率会有所增加。对方的缺点清晰地展现在眼前，用批判的眼光看待对方的缺点，容易发生争执，争执的次数频繁，没有扎实的感情基础的爱情就此破裂。这条原则同样适合人际交往。由于朋友间各自的人生观、价值观、家庭背景、工作学习背景存在差异，在一起久了，有可能发现对方有些习惯与自己的价值观格格不入，容易产生隔阂。其次，同事也有家人和其他朋友，总和你在一起，势必会影响到与其他人的感情培养，此外还会影响到自身人脉的发展。总是跟公司某些同事在一起，形影不离，容易给人造成拉帮结派的印象。

第二，说话注意分寸，把握火候。俗话说得好，祸从口出。实习环境与校园环境不同，直来直往不仅容易令人误解，还可能被人利用，授人以柄，结果遭到攻击或者纠缠不清。很多刚踏入职场的毕业生，急于表现自己，在表达自己意见时，并未进行深思，有时令人觉得前后矛盾，有时汇报情况时，只看到事物的表象，加之掺和着个人不成熟的判断，势必会影响领导的判断，做出对你不利的决策。对此建议毕业生在发表意见时，不急于表达，学会打腹稿。不合时宜地表现，容易给人造成做事只会做表面功夫的印象。

第三，多听、少说、多做、少抱怨。在你身边的很多同事都是工作一段时间的老员工。有的同事因为职业倦怠，对岗位或者组织存在片面的看法，评价过于消极，这个时候你的迎合，也许会成为你日后发展的绊脚石。有的同事可能很有想法，但是执行力较弱，他的夸夸其谈，可以给你带来工作上的启发，这时你要是急于发表意见，容易给对方产生竞争关系的误解。因此在实习期的毕业生，要学会放低姿态，虚心求教，乐于助人，避免人后评价他人。

第四，避免与他人发生争执。心理学家通过病例分析发现，生气 1 小时造成的体力与精神消耗，相当于加班 6 小时。人的负面情绪得不到释放，会导致血压升高、胃肠紊乱、免疫力下降等，引起皮肤弹性下降、色素沉着，甚至诱发疾病。因此，生气、争吵就是对自己施加酷刑，况且也不利于处理同事关系。

2. 培养积极的心态

在实习阶段，不论是岗位技能，还是人际交往，都会遇到困难，因为在学校学习的知识是专业基础知识，侧重于理论知识。在学习中，各种理论知识和实验模型都是在最理想的状态下进行的，排除了干扰因素的影响，此外前沿技术成为教科书的内容，至少需要 2～3 年的时间。但在实习中，这些干扰因素是客观存在的，在实际应用中必须考虑进去，用书本上的知识可能无法解决现实问题。此外，新技术的学习也将面临困难。这就需要在实践中不断总结经验与提升，在一次次的失败中找到解决问题的答案。

只有乐观向上的人，才能够把生活中的压力转化为动力，想方设法解决难题，而不是被压力打败。著名主持人朱迅说，有人问她，你怎么会这么多语言时，她说："如果把单词表变成工资单时，你就一定能学会了"。

在培养积极心态时，首先，要正确看待所面对的困难或压力，用积极的心态去面对一切。俗话说得好，井无压力不出油，人无压力不奋进。其次，时刻保持不抱怨、肯付出的心态。有的毕业生老是抱怨企业让实习生做一些简单、重复的工作，毕业生根本无法接触到公司的核心技术。毕业生应该理解企业的难处，实习生对于企业来说缺乏实际操作经验，无法胜任研发工作。实习生还不是正式员工，如果涉及核心技术，实习期结束后未能为企业效力，并将企业的核心技术或还未申报的创新知识产权告知竞争企业，这无疑会削弱企业竞争力。所以不要抱怨企业不给机会，要好好珍惜学习机会，在遇到相关技术难题时，虚心求教，迅速掌握相关技术，这才利于毕业生将来的工作。第三，坚信付出总会有回报。对于毕业生来说，机会的到来，是要在付出努力后，才会出现的。

3. 培养团队协作意识

在企业实习阶段，毕业生更应该注重培养团队协作意识，避免成为“孤雁”。团队项目负责制越来越受到企业的青睐，电视台每一个栏目，都有若干支制作团队在工作，通过有效整合的团队能够大大提高工作效率，各司其职，完成好团队工作。

在此阶段应该努力做到以下两点。第一，走出去。走出自己的圈子，避免只愿意与自己同一批进入公司的新人打交道。除了年纪相仿，有共同语言外，他们错误地认为老员工不愿意和新进的菜鸟打交道。此外，另一个误区是把与人难以相处的原因归结为，别人跟我不是一类人，性格不合。其实老员工也是从新人走过来的，他们知道作为职场新人的艰辛和迷茫，大多数的人都愿意像当年他们的师傅一样帮助正在成长的新人。毕业生是新生力量，具有很强的可塑性，稍加指点就容易出成绩，若当徒弟的有出息了，做师傅的脸上也有光彩。老员工也能够从新员工那里感受到青春活力，让自己时刻保持年轻的心态，这些有利于老员工渡过职业倦怠期。所以，要想融入大圈子，就必须学会走出去，接纳别人，加之礼貌用语和礼尚往来，加入团队就不会有太多的障碍。第二，就是请进来。多与企业员工交流思想，多注意听取有利于自身发展的部分。在轻松交谈时，能促进交谈双方对某一话题进行探讨，这比在办公室学习技术更有效。此外，因为快乐是可以传递的，多与身边的同事分享你的快乐，让人感受到你具有积极健康的心态。

（三）应聘就业期——初步完成职业角色转换

1. 更加深入了解应聘企业的信息

从学校到企业是一个很大的转折，需要不断通过各种方式和渠道了解所在企业的相关情况。很多企业领导会告诉毕业生，要尽快了解企业和相关的业务。职场新人进入工作岗位后，往往只是担心自己如何融入企业，甚至将担心一直保持到离开这家企业，而没有采取有效的方法使自己真正融入企业文化，产生归属感，从而在企业中有所建树。职场新人可以通过公司的网站等对公司进行全面了解；还可以通过翻看公司员工通讯录、组织结构图等，来认识公司的设置，部门的员工以及组织内部的上下级关系；还可以通过主动接触企业的新老客户来了解企业，在接触客户时，一方面可以了解公司不同于其他企业的特性，另一方面，还可以了解客户对企业的不满，以便在日后的工作中加以改进，或者与企业相关负责人共同探讨，提供解决方案，从而在企业中赢得赞许。

2. 树立在工作中学习的意识

据微软统计的数据显示，员工工作中的技能和知识，有70%是在工作中学习获得的，20%是从经理同事处学到的，10%来自于专业培训。一个具有较强学习能力的员工常会被认为是一支潜力股，被用人单位看好。有的员工没有学习与创新，没有学习，就不会进步。逆水行舟，不进则退，道理都明白，可是做起来就没有那么简单了。一个经验用了25年的老员工，每天用同样方法做着同样的工作，每个月都领着同样的薪水。他要求老板给他加薪及晋升，现实中的答案是残酷的。企业老板不是慈善家，只有那些富有创造力的员工才能获得企业老板的赏识，从而获得相应的薪酬。

刚刚进入企业的毕业生，接受一些任务时，虽能联想起学校所学的专业知识，但真的运用起来，却发现专业知识的应用能力很差，甚至无法正确使用专业知识。对于走出校门的毕业生，要想从门外汉迅速变成合格者，从技能薄弱到技术精湛，别指望用人单位会派你到专业机构学习，要在工作当中学习，换句话说，就是把学习融入到工作中，这是行之有效的方法。在思想上要不断强化学习的重要性，在遇到困难时，大可不必怨天尤人，唯有想出解决问题的方法才是硬道理，方法总比问题多，如何找到行之有效的方法，唯有在日常工作中留意知识与专业技能的积累，在关键时候方可大显身手。积累贵在持之以恒，每天花一点时间，掌握一项与工作相关的技术或技能，日积月累，10 年足以成为某个领域的专家。

【案例分享】 一条价值一万美金的粉笔线

1923 年，福特公司有一台大型电机发生了故障，全公司所有工程师在束手无策时，便邀请斯泰因梅茨进行诊断。他是如何解决这个难题的呢？他在这台大型电机旁边搭了个帐篷，整整检查了两昼夜，仔细听着电机发出的声音，反复进行着各种计算，又用梯子上上下下对电机进行了一番测量，最后用粉笔在这台电机的某处以画线方法作了记号，他对福特公司的经理说：“打开电机，把作记号地方的线圈减少 16 圈，故障就可以排除了。”工程师们照他的要求做了，结果电机恢复了正常运转，工程师们为之一惊。

事后，斯泰因梅茨向福特公司要一万美金作为他的酬劳。有人嫉妒说：“画一根线就要一万美金，这不是勒索么。”斯泰因梅茨听后一笑，提笔在付款单上写道：“用粉笔画一条线，仅值一美元；但知道在哪里画线，值九千九百九十九美元！”

一边是工程师们几个月不能解决的难题，一边是斯泰因梅茨用了两天时间就排除了，表面上看似乎简单又轻松，具有这种本领绝非一朝一夕。要一万美金作酬劳，好像有些狮子大开口，“但知道在哪里画线，值九千九百九十九美元！”这就是知识的力量，知识的价值。

这个故事告诉毕业生们要通过对公司业务和自身所从事岗位的深入了解，提前做好薄弱环节的学习，每天学一点，心理压力就会小一点。在项目执行中，你对这方面知识能够清晰地讲解，定能赢得用人单位的信任。在工作中遇到的问题，除了通过网络、书籍外，还可以寻求他人帮助，如身边的老前辈，已经毕业的学长，或者是亲戚朋友。换句话说，就是动用你的人脉。

三、职场适应过程中常见的心理问题

“双向选择、自主择业”既为同学们提供了公平竞争和施展才华的机会，同时也对大学生的心理素质提出了新的挑战，特别是近年来就业矛盾日益突出，就业难度日趋增大，给广大毕业生带来了巨大的心理压力。大学生在求职择业的过程中，面临着种种剧烈的心理冲突,因而产生了种种矛盾的心态:他们希望自主择业,但又不愿承担风险;渴望竞争,又缺乏竞争的勇气;胸怀远大理想,却不愿正视眼前的现实;注重专业能力的发展,但又互相攀比、爱慕虚荣;重事业、重才智的发挥,但在实际价值取向上重物质、重利益;对自我有充足的信心,但在遇到挫折之后,又容易自卑;既崇尚个人奋斗、自我实现,又有较强的依赖感。职业目标上理想和现实的反差,自我认知上自傲与自卑并存,职业选择上独立性和依赖感错位,使得部分大学生在就业中感到十分迷惘和困惑。

由于各自家庭环境、社会背景、个人经历、专业基础的差异,个人的就业期望值也不尽相同,不少毕业生面对纷繁复杂的人才市场,感到无所适从,产生了种种心理问题,甚至出现了严重的心理障碍。下面将大学生在职场适应过程中常见的心理问题进行列举并加以分析。

1. 从众心理

主要表现为缺乏主见、人云亦云、随波逐流。从众心理亦是一种可怕的惰性,看见别人都往同一条路上拥,自己也拼命往那条路上挤。其实,如能果敢地另辟蹊径,寻找一条适合自己的小路,最后你会惊喜地发现,你比别人早到目的地。

造成这种心理主要有以下两个原因,一方面来自于社会或群体的压力,迫使个人放弃了自己的意见。2010 年,中华英才网针对全国 31 个省市自治区 20 多个行业的 11700 多家企业进行薪酬调查,结果显示 2009 届应届生税前现金年收入的市场平均水平是 24852 元,即月收入 2071 元。造成“跳早族”现象出现的原因之一是薪酬低。薪酬待遇是签约时就已明确的,怎么会突然说太低?为何在签约时对薪资考虑不够全面?那时为了就业,姿态放得太低了,大家都就业了我没就业,面子上过不去。工作一段时间后,发现理想与现实相差甚远,越想越觉得不甘心,便出现“跳早族”现象。作为毕业生如何适应职场生活,克服从众心理?唯有做好生涯规划,明确职业目标,才能在职场中将自己的才能发挥得淋漓尽致。

【案例分享】 学会坚持　避免从众

徐小华毕业于南方一所专科学校,所学专业是图形图像制作。这个专业的毕业生有的去当美工,因劳动强度大,工资低,很多人选择放弃,与中专生相比,毫无竞争力。做平面设计,却苦于没有扎实的美术功底。她的同学中有一部分毕业后继续进修,大部分改行。虽然困难重重,但她却坚持自己的梦想,想成为一名平面设计师。毕业后她独自一人来到上海,在一家工作室里工作。工作的头两年,她的工资不足以应付日常生活。每个月家里还必须给她 500 元的补贴。在这两年里,因为工作强度大,工资低,导致这家工作室人员流动很大,坚持下来的人寥寥无几。她的同学很不理解,劝她回到福建来工作。她毅然选择坚持最初的梦想,同时她也看到这家工作室的发展前景。在成为老员工的同时,设计的水准上了好几个台阶。三年后她不仅能独立完成设计,而且还学会与客户谈项目,成为老板的得力助手,月薪过万。没有目标的河流,早晚都会干涸的,只有一心奔向大海的小河,终有一日,会成为大海。

造成毕业生从众心理的另一个原因是毕业生自身没有详细的计划和长远的人生目标，而只是跟随众人的脚步。表现在求职择业过程中，忽视所学专业的特点，过分追求实惠，盲目奔向经济发达地区和中心城市就业，一味追求所谓的热门单位、热门职业，求安稳。“宁要城市一张床，不要中西部一套房”。

瀑布之所以能飞流直下三千尺，因为飞瀑在爆发时，能找到一个突破口。老马识途的故事告诉我们，管仲的老马不是在断崖绝壁上的左冲右突，而是冷静地分析出路在何方。撞了南墙不回头，虽说有勇，但这实属匹夫之勇，人何苦要在一棵树上吊死？我们应该学会选择，而不是从众。有的人看见别人下海畅游，自己也想拥有这份快乐。人到了抵抗不住诱惑时，往往忘却对自身的评估，应该了解一下海的深浅和自己是否是只“旱鸭子”。

2. 怕苦心理

在大学生供职过程中，存在着攀高职业标准的现象，即起点高、薪水高、职位高。要求所选择的工作要名声好一点，牌子响一点，效益高一点，工作轻松一点，离家近一点，管理松一点，这些是典型的贪图享受怕吃苦的表现。在怕苦心理的驱使下，学生们选择职业的面很窄，形成千军万马过独木桥的局面。怕苦的心理严重影响同学们职场适应力，因此大学生供职时，就应克服怕苦的心理。

【案例分享】　吃苦在前　享乐在后

林晓丹在一次企业宣讲中得知教育咨询师这个岗位。随着中小学课外辅导机构市场化、专业化，课外辅导机构不仅配备各门功课辅导教师，还需要市场推广人员，教育咨询师就此应运而生。林晓丹是一个敢于挑战自我的人，在这样一个锻炼人的岗位，她还可以获得丰厚的报酬。一名优秀的咨询师月薪上万元，资历较浅的也有五六千元，但是要适应教育咨询师这个岗位，就必须从最普通的电话专员做起。

在顺利通过面试后，第一天进入培训机构上班，林晓丹就被分配到电话营销部，做一名电话专员。做电话专员这份工作确实很辛苦，领着较低的薪水，承受着较大的工作压力，每天大量的电话呼出，一定比例的电话邀约任务，不断地遭受对方的质疑、拒绝。虽然她好几次都想放弃，但是她深知没有这些基础工作，就无法了解教育市场与需求，在一次次挫败之后，她都能够调整好心态，终于成功蜕变为一名合格的教育咨询师，并且领到了令她满意的薪酬。在工作第五年后，她选择离开这家公司，迎接更大的挑战。找好合伙人，她也成立了一家培训机构，由于从一线工作岗位一步一步发展起来，她在培养员工时，也能站在员工的立场思考问题，从而提高解决问题的效率。

如果不能在一线岗位沉下心来，调整好就业心态，苦练内功，不断提高自己的就业竞争力，又如何期待薪水的上涨？

3. 焦虑心理

焦虑和烦躁不安甚至恐惧的心理是职场新人经常具有的心理。有的同学顺利通过用人单位严格的录用程序：笔试、面试、复试、心理测试，正式进入单位上班。尤其是自己向往的高职位、高待遇的单位，参加竞争的人越多，生存竞争就越激烈，有的同学就越容易失去信心。还有的因自己是女生怕不能受到单位的公平对待，有的因自己人际交往不佳而烦恼，有的因自己能力低而紧张。这些现象都是心理焦虑的表现。这类现象可以用目的颤抖理论来解释，大意为当你特别想做好某件事时，往往会因为太专注于目标，反倒得不到、做不好。

刚走出校门，没有社会经验的大学生对选择职业这一人生大课题产生焦虑心理是正常的。但是，如果过度地焦躁、沮丧、不安，自己又不能在一定时间内化解这些情绪，这些情绪就会成为心理障碍或心理疾病。它会严重影响同学们的主观能动性的发挥，埋没潜能和才华，给就业带来困难，甚至造成择业失败。

【案例分享】 过分焦虑导致事倍功半

张晓雨在700多位应届毕业生中经过四轮筛选脱颖而出，成为福建省一家知名企业的员工。在企业为期七天的入职培训中，他意识到另外六位同学的综合能力都比他强，语言表达和应变能力更是他的弱项，于是他开始焦虑，担心这些同学会看不起他而疏远他，尽管其他六位同学都是在销售部门，而他在总经办。凡事他都全力以赴，有时他自己都认为他具有强迫症，但是为了不被人瞧不起，他只能这么做。一次，公司应邀参加在北京举办的移动设备展览会，他负责与当地电视台接洽，完成制作企业宣传片的任务。在去之前，他做足了功课，把要拍摄的内容进行了完整的梳理，介绍公司产品部分，他准备用他设计的产品标牌代替。前往当地电视台前，他告诉自己不能有错，此时他心里特别焦虑，总担心完不成任务，强迫自己检查三次所要带的公司简介、产品说明等材料。可到了电视台与编导谈拍摄计划时，才发现标识牌拷贝是旧的版本。晓雨开始着急了，他害怕让编导知道此事后，告诉公司而影响对他的评价，只好谎称他临时有事，二十分钟后再商讨。其实他是打的回公司，拷贝正确的版本。由于张晓雨初入职场，想把任务出色地完成并没有错，他的问题在于，处理工作时给自己的压力过大，要求自己把任务做到完美，于是产生焦虑的情绪，反而适得其反，更容易出现错误。

4. 自卑心理

一些同学自我评价过低，过低估计自己的知识和能力水平，在工作过程中缺乏自信、优柔寡断、过于拘谨，不能向用人单位充分证明自我，从而错失发展的机会。有的毕业生因为学历、成绩、能力、性格方面的某些缺陷和不足而丧失了勇气，悲观失望、抑郁孤僻、不思进取，觉得自己事事不如他人，不敢承担任务，面对竞争。

面对职场压力，一味地抱怨、躲避不仅不能改变现状，而且会让自己在阴霾中找不到方向，失去“重生”的机会。自卑可能会导致“低就”心理。在应聘时，没有信心和勇气面对用人单位，在问及工资待遇时，时常不敢说出自己的真实想法，害怕失去工作机会，抱着迁就的态度，甚至对于单位开出的不平等的条件也闭着眼睛接受。可到了用人单位，看到与其他同事相差甚远的薪酬，自卑的情绪油然而生，消极对待工作的同时，也失去了用人单位对毕业生的信任。

【案例分享】 天生我材必有用

某高校08级游戏开发专业的张烨同学抱怨说："今年公务员没有考上，现在都不知道要去哪里找工作。虽然是学游戏开发的，在学校里感觉没学到什么东西。我现在很迷茫，不知道怎么办，我没有社会经验，也不知道怎么去面对未来。我想去国企或者大一点的公司上班，但是专业不对口很难找到工作。所以我的选择很少，要么自己创业做生意，要么去做苦力，真不知道怎么办。"我们给张烨几点就业建议：(1)社会对该专业人才需求量较大，职业发展前景好，主要从事传媒行业，就业面广。(2)即便专业学得不够好，但是对这个行业有基本的了解，加上在校期间担任过主要学生干部，并且有兼职的经历，工作能力不会比同专业的同学差，完全可以在游戏营销、项目谈判、剧本创作岗位上工作。(3)由于创业风险大，需要有好的项目、创业团队和启动资金，操作起来比较复杂，完全可以先到公司工作，学习运营模式。只要用心学习，坚定目标，创业一定能如愿以偿。胜任者智，自胜者强。这位同学首先应摈弃自卑心理，寻找机遇，认真分析自身优势，从而增强信心，为职业人生扬帆起航奠定基础。

5.自负心理

一些同学自认为高人一等，自我评估过高，过高估计自己的知识和能力水平。工作中好高骛远、自命不凡、眼高手低，给用人单位留下浮躁、不踏实的印象。有的就业期望值过高，择业脱离实际，怕吃苦、讲实惠，不愿到基层和艰苦地区等需要人才的地方工作，择业目标与现实之间存在着巨大的反差。

这些毕业生在校期间有的担任过主要学生干部，由于优秀表现加入党组织，并且有在公司工作的经验，自我感觉良好，以至于在回答面试官提出的问题时，让人感觉不到他的真诚，给用人单位一种错误的信息——自傲。在面试阶段表现过于自信，并且这类毕业生的综合素质未达到用人单位的要求，容易给用人单位造成自负的假象。日后加入公司的团队，不仅不利于企业的管理，还可能严重影响企业运转的效率。

【案例分享】 谦虚受益 骄傲招损

某公司人事专员离职，急需招聘一位人事专员，并且在短时间内能快速上手的毕业生。在相关人士的推荐下，钱三与公司的人事主管见面了。

经过交谈后，双方有了初步了解。

人事主管："在我们公司，人事专员和行政专员是不同的岗位，简而言之，人事专员除了招聘之外都要涉及，行政专员主要是承担前台、采购等工作。你现在想从事哪个岗位呢？"

钱三："我在一家不错的物流公司做货运，业绩还不错。如果管理人，我想试试，我当过学生干部，肯定能做好。"

人事主管："你为什么要离开那家公司？"

钱三："这个嘛，不便说，在那里也只是实习罢了。"

人事主管:“近三年,你是否对自己进行了规划?”

钱三:“这个好像不在面试范畴吧。”想了一会儿,“我家庭条件还可以,家人让我两年后考研,边工作边学习。”

人事主管接着问:“office 办公软件你会用吗?”

钱三:“会,老师教过,应该没什么难的,这门课我考试成绩挺高的。”

人事主管现场出了一份试题,要求提取身份证号码里的年月日,以及筛选功能的运用。

钱三:“第一题老师没教,第二题我忘了。”

人事主管:“我回去跟招聘主管商量一下再通知你。”

结果可想而知。

6. 攀比心理

在就业过程中,由于每个人的学习与生活环境、家境状况、个人的能力、性格和兴趣爱好存在差异,因而在职业选择、就业目标上没有必要进行量化比较。但受到社会不良风气的影响,加之毕业生处在年轻气盛时期,喜欢争强好胜,把就业成功与否以薪资待遇为衡量标准,这势必容易引发攀比心理。在求职择业过程中,表现为缺乏客观正确地分析自身特点,注意力过多地集中到他人的就业取向上,忽视自身实际情况,尤其是个人的综合素质和工作取向,不考虑所选单位是否适合自己,而是盲目攀比,害怕到基层工作,总想找一份性价比高的工作,这种攀比心理造成了部分毕业生不愿签约。

不切实际的、无端的攀比会给毕业生带来消极的影响,导致无法正确归因。有的同学时常抱怨自己不是富二代、官二代,却忽略了企业用人的标准,即能否为企业创造价值。即便那些靠着家长人脉而取得就业机会的同学,若缺乏过硬的专业水平,被淘汰出局也是早晚的事。这种心理导致毕业生不能正视自身不足,迟迟不肯签约。有的同学抱怨就业市场不公平,在学校期间,成绩比我差的同学,为什么能找到工作,而且是一份令人羡慕的工作,这类同学忽视了在校期间学习成绩代表着学习态度,需要培养的是学习能力、举一反三的能力、触类旁通的能力,而不仅仅只是识记老师上课讲的内容。这种心理势必会造成不愿轻易签约。有的同学看到自己投出的多份简历都受到用人单位的青睐,并成功被企业录用,自我满足感迅速膨胀,总是期待着更好的单位出现,最终的结果就是机会在等待中消亡。

面对着择业、就业的种种现象,有的毕业生已经习以为常,见怪不怪,有的却仍在不断地追求自己的理想。有的抱怨社会没有给自己创造一个好的就业环境,有的却在享受着职业为其带来的快乐。这似乎应验了“打工皇帝”唐骏的一句话,毕业后前 5 年的迷茫,会造成 10 年后的恐慌,20 年后的挣扎,甚至一辈子的平庸。对于毕业生来说,应认清职业发展的规律,学会规划人生。

第二节 职业发展

一、毕业生职业发展

让我们来看看什么是职业发展。在国外，有人将职业生涯发展划分为5个阶段：职业准备阶段、职业选择阶段、职业生涯初期阶段、职业生涯中期阶段、职业生涯后期阶段。

按照我国教育发展阶段，毕业生们正处于职业生涯初期阶段。其主要任务是完成职业能力的三大积累，即人力资本、品牌、资源的三大积累。在实施过程中努力学习职业技术，提高工作能力，学习组织规范，学会协作与共处，逐步适应职业与组织，期望未来职业成功。

职业生涯的发展路线一般可分为三类：第一类，从事与所学专业相关的专业技术型路线；第二类，行政管理型路线；第三类，自主创业型路线。在选择哪条路时，可以通过内省法，让自己知道，我想干什么，我会做什么，我能把什么事干好。

二、在职业发展过程中需要注意的问题

1. 学会自我包装

定个好身价，才能有个好价钱。王婆卖瓜，自卖自夸，原是用来讽刺销售者自吹自擂。然而在信息化时代，要想迅速提升知名度和美誉度，没有王婆主动推销，一个货真价实的优质产品也许就被埋没在鱼龙混杂的市场里。作为毕业生，在校期间除了要苦练适应职场的基本功，经营好自己的长处外，在就业竞争如此激烈的社会，要想脱颖而出，还应结合应聘岗位进行适度包装。做一份适合应聘岗位的简历是行动的第一步。据一位人力资源总监介绍，收到简历总量中只有5%～10%可以进入笔试和面试环节，若没有一份令人眼前一亮的履历，必然与就业失之交臂。别小看这份简历，因为用人单位短期内没有时间来充分了解你的能力，通过简历这扇窗口，可以快速对你进行了解。在保证简历真实性的基础上，给自己抬高一点身价。按照用人单位的要求，你有七分才能，却可以标出九分的价值，另外两分通过你的努力便可获得。但是切不可漫无边际地吹嘘，否则给用人单位期望越高，失望也就越大，自己也就摔得越惨。

2. 注重人脉的积累

在职业发展的道路上，有的时候，自己埋头苦干，还不及“贵人”扶你一把。身边的每一个人都有可能成为你的贵人，要学会尊重，无论他们职位高低，身份贵贱。感

情需要培养，人脉要靠经营。平日里做好情感投资，到了需要他人帮助的时候，自然能水到渠成。

【案例分享】 不要被外表掩盖真相

李某是一位在南方高校留校工作的毕业生，计划在毕业前租住一套合适的房子。通过房产中介，未能找到适合自己经济能力的房子。住房环境好的房源，价钱贵，价钱便宜的房源，要么空间小，要么就是在郊区。李某拖着疲惫的身体在学校附件的一家路边摊吃晚饭。路边摊的老板是一位衣衫褴褛的老人。老人通过交谈得知李某要找房子的信息，便跟他说："我家有一套房子，有一个房间要出租，你要吗?"李某看看这位老人的打扮，很难想象老人能在他认为理想的小区有房子。李某的疑惑似乎被老人看穿了，老人说："你不要以为我穿成这样就不会有房子，我也是这所学校的退休教师。"

次日，李某将信将疑按照约定的时间来到老人家的住处。看了房间后表示非常满意。在客厅，这位毕业生看见了老人家里挂着"省教育世家"的牌匾。经过询问后得知，这位老人家70多岁，是他所在学校一个学院的退休教授，现在还被返聘为在校生上课，承担重要的教学任务。李某在这位老师家住下，直到学校给他安排房子后，才搬离老教授的家。在这位毕业生后面的工作中，这位老教授也给予了他极大的帮助。

3. 审时度势地制订相应的发展计划

评价职业成功的标准有客观和主观两方面。就客观方面来说，获得高薪，个人资产有了一定的积累，例如拥有房产；职务提升，从一线技术工人或管理者，晋升为部门经理；社会地位得到提高，成为某个领域的意见领袖。在主观方面，实现了马斯洛需求层次理论第五层次的自我实现需求，对自己的工作满意度较高。

别人的成功可用于借鉴和启发，却不可复制。在职业发展过程中，随着社会环境、家庭环境及企业内部的组织环境的变化，都会对原先设计好的职业规划造成影响。积极的影响有利于职业规划设计者在所供职的领域有所建树，但是负面的影响，就会削弱计划的效用。这个时候，审时度势地修改实施计划能够改变令人消极的现状。

对于事先设计好的计划进行修改时，应抱着比制订计划更加谨慎的态度。可以通过以下两种方法来实现。

第一，创造副业项目。这种方法最大的好处是可以在不牺牲现有计划产生的积极作用的前提下，探索新的可执行的方案。原有的计划代表的是一个阶段的总体规划，是对未来的预测和定位书，具有前瞻性和不确定性，它的设定也具有一定条件和环境的限制，随着条件和时间的变化，我们则需要与时俱进地对职业生涯规划进行修改。但是并不是说可以根据现有的条件随便进行修改，而是在现有的基础上，在职业生涯规划总体目标不变的前提下进行部分修改。创造副业项目便是在不影响整体的情况下对局部做的调整，这不仅可以从更多更广的方面使自己尽早达到职业目标，也能更加丰富和完善自己的职业生涯历程。

【案例】　卧薪尝胆待创业

张晓泉在大学期间有一个创业计划，但是迫于生存的压力，以及没有适合的项目，他选择先就业，以便积累原始资本和寻找创业项目，待时机成熟后，伺机完成自己的创业计划。三年的工作期，凭借着扎实的设计基础，创造了出色的工作业绩，受到公司的赏识，成为设计总监，但他却无法腾出时间来实现自己的大学梦想。辞职的想法不断地在脑海里显现，他把计划告知了他的父亲。父亲知道，这个时候断然否定，一定会激起张晓泉的逆反。于是，给了他一个建议，在不能影响工作的前提下，利用业余时间找个副业，为实现创业赚足经验。张晓泉对现在的工作已经产生强烈的职业倦怠感。因为高考，他对咖啡有了依赖，随着年龄的增长，他对咖啡的喜爱由依赖发展到研究。从事设计行业的他，也接过咖啡馆的项目，拥有一家独具特色的咖啡馆，便一直是他的一个愿望。这次创业的想法，令他更加坚信要拥有自己的咖啡馆。在工作之余，他到咖啡馆当侍应，学习咖啡馆的经营，并且结识了一位志同道合的合作伙伴。在万事俱备的时候，他向公司提出辞职。公司老总了解情况后，看了他的"策划书"，察觉到了这个项目具有投资的前景，毅然决定与张晓泉合作。有了项目、合作伙伴及资金，张晓泉的咖啡馆在创业初期虽然遭遇困境，但由于他的咖啡馆具有特色，知名度不高的问题在适当宣传后，得到解决。并且在多年后，他在当地开了23家连锁店。

第二，通过参加培训、考取证书等方式完成对新领域的学习。新领域意味着一个新型的方式方法或者一个新型的圈子等，是一种思维上的转变和思想上的突破。对新领域的学习起源于我们的好奇心，起源于我们被某个新的事物所吸引，导火索是我们对当前状态的不满意和对未来的期待。对新领域的学习不仅可以突破当下生活的瓶颈状态，另一方面又可达到意想不到的效果，对我们的职业生涯有更好的完善作用。

【案例分享】　身在职场　不打没准备的"仗"

黄迎春大学毕业后，在教育机构从事教育咨询师的工作。由于岗位原因，工作时间被安排到晚上和周末。后因结婚育儿等，她离开了工作岗位。两年后重新走上工作岗位，但因要照顾家庭，她不得不选择朝九晚五及周末休息的工作。但她总是碰壁。在经过多方思量后，她决定结合心理学专业，参加一个知名培训公司开设的人力资源管理培训班。在学校期间，她已经考取三级人力资源管理证书，经过培训，她顺利拿到人力资源管理二级证书。在培训班的学习中，她还认识了多位在企事业单位做主管的朋友，在他们的帮助下，她成功就业，并在两年内取得了一定的成就，成为一家教育咨询公司人力资源部经理。很多人会通过继续学习来提高新的技能，这可以帮助职业人结识新的工作伙伴，参加不同的社交活动。为适时调整职业规划，提供具有现实意义的指导。

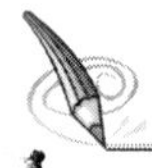

思考题

1. 初入职场,如何进行角色转换?

2. 职场角色转换的三个阶段中,你还有哪些能力是需要提高的?请制订出相应的提升方案。

3. 在就职过程中是否存在心理困惑?若有,你将如何处理这些问题?

4. 根据你个人的实际情况,制定适合自己的职业发展道路。

5. 在职业发展过程中需要注意哪些问题?

第七章 职业道德

职业活动是人类社会生活中最普遍、最基本的活动。职业道德广泛渗透于职业生活的各个方面，它是从业人员的立身之本，是职业素质的核心和灵魂。庄子云：内省而不穷于道，临难而不失其德。具有崇高职业道德的人，无论在什么地方，在什么平凡的岗位上，都能爱业、敬业、乐业、勤业，全心全意为人民服务，兢兢业业为国家、社会和人民无私奉献。毫无疑问，职业道德已经成为用人单位选聘人才的第一标准。本章主要介绍社会主义职业道德的主要内容和基本要求。

第一节 职业道德的特点、核心和基本原则

一、道德与职业

（一）道德的内涵

对“道德”一词，我们并不陌生，在日常生活中经常会听到人们在谈论道德问题。人类的一切活动都是在社会生活中进行的，任何人都不能离开社会而单独生活。人们在社会生活中，不可避免地会产生各种各样的矛盾，道德就是用来调节这些矛盾的准则。凡有人群的地方就有道德问题存在，人们的思想和行为都反映着一定的道德观念和道德水平。那么，究竟什么是道德呢？道德是调节个人与自我、他人、社会和自然界之间关系的行为规范的总和，是靠社会舆论、传统习惯、教育和内心信念来维持的。所谓行为规范，就是行为准则，也就是应该怎么做、不应该怎么做的准则。

道德既是人们行为的规范，又是评价人们行为的标准。当然，道德不像法律那样靠国家专门机构强制执行，它是通过社会舆论、传统习俗及人们的内心信念来发挥作用的。这种道义上的力量对于人们行为的约束，是法律所不能替代的。

（二）职业道德及其特点

在社会生活中，每个人都从事着各种不同的职业。职业的通俗表述就是人们所

从事的工作。职业是从业者获取生活来源、扩大社会关系和实现自身价值的重要途径。由于社会分工造成了职业的划分，职业因此具有了特定的业务要求和职责规定。

每一种职业都要形成相应的社会关系和利益关系，正是在这些关系中，人们对从事不同职业活动的人提出了相应的要求，长期从事某种职业活动的人也逐渐养成了特定的职业心理、职业习惯、职业责任心、职业荣誉感等。可见，有职业就有相应的职业要求，职业要求是保证职业活动有序进行的必要条件。

为了保证职业活动的正常进行，各行各业逐渐产生了一些约定俗成的特殊要求，这就是职业道德。由此可见，职业道德是指从事一定职业活动的人们，在特定的工作和劳动中以其内心信念和特殊社会手段来维系的，以善恶进行评价的心理意识、行为原则和行为规范的总和，它是人们从事职业的过程中现成的、内在的、非强制性的约束机制。

职业道德是道德的重要组成部分，是道德规范的特殊领域，它具有自己鲜明的特点。

(1)行业性是职业道德区别于一般道德的显著特点。职业道德往往都是与职业的行业特点结合在一起的，因此，带有明显的行业特征。

(2)广泛性是针对所有不同职业的从业人员而言的。无论你从事什么职业，无论你在职业活动中扮演什么角色，在职业活动中都应该讲职业道德，这是社会进步和个人职业生涯发展的基本要求。

(3)实用性是指职业道德要与职业岗位的特点相适应。实用性的特点体现了职业道德要适应职业岗位的具体条件和从业人员的实际接受能力。离开或脱离职业岗位的特点以及从业人员的实际接受能力，任何职业道德在实际应用中都无法有效地发挥作用。

(4)时代性是职业道德的一个鲜明特点。职业是随社会的发展而变迁的，职业的存在与否是和社会分工紧密相连的，因而职业道德也会出现变化，而且同一职业在不同的时代也会表现出不同的特点。

二、职业道德的核心和基本原则

(一)职业道德的核心

全心全意为人民服务是社会主义职业道德的核心。为什么要把为人民服务作为职业道德的核心呢？历史唯物主义认为，人民群众既是物质财富的创造者，又是精神财富的创造者。作为财富的创造者，理应成为享有财富的主人，接受优良的服务。同时，社会主义的生产目的是为了不断满足人民群众日益增长的物质文化需要，因此，把为人民服务作为社会主义职业道德的核心，集中体现了社会主义职业道德的根本要求。

在现代社会中，职业分工日益精细，而不同职业之间、不同岗位之间，又有着紧密的联系。从业者之间相互提供着各自的服务,同时也相互享受着他人的服务,工作没有高低贵贱之分,只有分工的不同,大家都是在为人民服务。

【案例分享】 刘少奇接见淘粪工时传祥

1959年10月26日,时传祥作为全国先进生产者参加了在北京召开的全国“群英会”,国家主席刘少奇在人民大会堂湖南厅握着时传祥的手,把自己的英雄牌金笔送给了他,并诚挚地说:“你淘大粪是人民勤务员,我当主席也是人民勤务员,这只是革命分工不同。”时传祥表示:“我要永远听党的话,当一辈子淘粪工。”

时传祥是北京市崇文区清洁队淘粪工,他万万没想到,国家主席竟能一眼认出他来。时传祥在旧社会淘过20多年大粪。在当时,这是个被人瞧不起的行业。新中国成立后,劳动人民成了国家的主人。时传祥努力工作,赢得了全社会的尊敬,光荣地加入了中国共产党。

从此,时传祥成为载誉全国的劳动模范。《人民日报》、中央人民广播电台等新闻单位都对他的事迹作了报道。他更加努力,更加热爱本职工作。为转变部分青年工人怕脏怕丑的思想,已年近半百的时传祥,脏活累活抢在前,对青年工人言传身教,以“工作无贵贱,行业无尊卑;宁愿一人脏,换来万人净”的职业道德观,教育影响青年一代安心本行业工作。

(资料来源:《红旗飘飘:中国共产党历史上的今天》)

(二)职业道德的基本原则

集体主义是社会主义职业道德的基本原则。它像一根红线贯穿于社会主义道德规范的始终。它要求正确处理国家、集体、个人三者之间的利益关系,坚持国家利益高于集体利益和个人利益,坚持反对各种形式的利己主义,坚持保护个人的正当权益。

社会主义条件下,国家利益、集体利益与个人利益在根本上是一致的。社会主义生产的目的是为了不断满足人民群众的物质文化需要。国家利益正是各个地方、各个职业团体和每个人根本的、全局的、长远利益的集中体现。现阶段人民群众最根本的利益是建设中国特色社会主义现代化强国,实现国家的繁荣富强。这是各行各业最大的利益,它充分体现了国家、集体和个人三者利益的有机统一。

集体主义原则强调国家利益高于一切,同时也承认保障个人的正当利益。在坚持集体主义原则的时候,要反对两种倾向。一是反对片面强调国家、集体利益,忽视和抹杀个人的正当利益。个人正当的利益是指个人正常生活和工作的物质文化需要。这样的个人利益和需要应当给予保护。二是反对不顾国家和集体的利益片面强调个人利益、小团体利益,严重损害人民群众的利益,败坏社会风气,这是必须坚决反对和制止的。

重视个人利益和个人价值,是集体主义不可分割的内容。人要生存,要发展,就离不开个人需要和个人利益。正当的个人利益是同社会的整体利益保持一致的。在职业活动中,既不能片面强调国家、集体利益而忽视个人正当利益,也不能片面强调个人利益或小团体利益而不顾国家、集体利益。只有把两者很好地结合起来，才能保障集体利益，促进经济建设的发展，才能维护个人利益，充分发挥个人的积极性、主动性和创造性。

第二节　职业道德基本规范

一、爱岗敬业

爱岗敬业是社会主义职业道德的基本要求，是对各行各业工作人员最普遍、最基本的要求，是做好本职工作的重要前提和可靠保障，是每个从业者是否有职业道德的首要标志。爱岗敬业，反映的是从业人员热爱自己的工作岗位、敬重自己所从事的职业、勤奋努力、尽职尽责的道德操守。这是社会主义职业道德的最基本要求。爱岗就是热爱自己的工作岗位，热爱本职工作。敬业是古人很早就提倡的一种对待自己职业的严肃态度。爱岗敬业就是要求人们热爱自己的本职工作，用一种恭敬严肃的态度对待自己的工作。爱岗与敬业是相互联系在一起的，不爱岗就很难做到敬业；不敬业也很难说是真正地爱岗。因此，爱岗敬业所表达的最基本的道德要求应当是：干一行爱一行，爱一行钻一行，精益求精，尽职尽责，“以辛勤劳动为荣、以好逸恶劳为耻”，努力做到乐业、勤业、精业、实业。

乐业，就是喜欢自己的专业，热爱自己的本职工作。把职业生活看成是一种乐趣，而不是一种负担。

勤业，就是勤奋学习专业，钻研自己的职业技能。

精业，就是使自己本职工作的技术、业务水平不断提高，精益求精。

实业，就是依靠科学，实事求是地对本职工作一丝不苟，有务实精神。

二、诚实守信

诚实守信是为人处世的基本准则，是人类千百年传承下来的优良道德传统，是企业和从业人员的道德底线，是从业人员对社会、对人民所承担的义务和职责，是人们在职业活动中处理人与人之间关系的道德准则。诚实是人的一种道德品质，这种道德品质的显著特点是一个人在社会交往中不讲假话。守信，就是信守诺言，讲信誉、重信用，忠实履行自己承担的义务，“言必信，行必果”。诚实与守信两者有着密切的联系，诚实是守信的思想基础，守信是诚实的外在表现，只有内心诚实，待人诚恳真挚，做事才能讲信用、有信誉。

在社会主义市场经济条件下，诚实守信作为社会主义职业道德的基本要求，具有很强的现实针对性，非常必要。

三、办事公道

在社会主义制度下，从业者之间以及从业者与服务对象之间都是平等的，他们的职业差别只是所从事的工作不同，而不是个人地位高低贵贱的象征。同时，职业的划分也不是为特殊的利益集团和个人创造谋取私利的机会，而是为了公平地满足人们的需要。所以，以公道之心办事就必然成为职业活动所必须遵守的道德要求。

办事公道是对每个从业人员的基本要求，是提高服务质量的最起码保证。办事公道，是指从业者在办事情、处理问题时，站在公正的立场上，对当事双方公平合理、不偏不倚，无论对谁都按照一个标准办事。说到“公道”，人们会想到“公平”、“公正”、“大公无私”等。从业人员给在职业活动中所涉及的每一个人以应有的尊重，维护其应有的权利。办事公道，要求从业人员在职业活动中做到公平、公正，不谋私利、不徇私情、不以权损公、不以私害民、不假公济私，做到客观公正和照章办事。

四、服务群众

社会主义道德建设的核心是为人民服务，职业活动使为人民服务获得了具体的内容和表现形式，为人民服务的道德要求也在职业活动中表现出强大的生命力。每一个从业人员在职业活动中，都自觉遵循服务群众的要求，整个社会就会形成一种人人都是服务者、人人又都是服务对象的良好秩序与和谐状态。

服务群众，就是在职业活动中一切从群众的利益出发，为群众着想，急群众所急，是为人民服务思想在职业活动中的具体表现，它表明了社会主义职业活动的目的。服务群众不仅是对领导机关、领导干部的要求，也是对每一个从业者的要求；服务群众不仅是对服务性行业的要求，也是对各行各业共同的要求。

五、奉献社会

奉献社会，就是要求从业人员在自己的工作岗位上树立奉献社会的精神，并通过兢兢业业的工作，自觉为社会和他人做贡献。奉献社会是一种无私忘我的精神，是职业道德的出发点和归宿，是每个从业者职业道德修养的最终目标。这是社会主义职业道德中最高层次的要求，体现了社会主义职业道德的最高目标指向。爱岗敬业、诚实守信、办事公道、服务群众，都体现了奉献社会的精神。

人的生命是有限的、宝贵的，同样是人，却会表现出不同的意义和价值：有的人流芳百世，有的人遗臭万年；有的人死得重于泰山，有的人死得轻于鸿毛。为何人生会有如此大的差别？这都源于从业者对人的社会价值和自我价值、对人的奉献和索取关系的理解和实践的不同。

【案例分享】 青年马克思的职业理想

青年马克思在谈到选择职业的理想和价值时曾经写道:"如果我们选择了最能为人类的福利而劳动的职业,那么,重担就不能把我们压倒,因为这是为大家而献身。那时我们所感到的就不是可怜的、有限的、自私的乐趣,我们的幸福将属于千百万人,我们的事业将默默地、但是永恒地存在下去,而面对我们的骨灰,高尚的人们将洒下热泪。"马克思认为职业的价值归根结底是以奉献社会为最高目标。这种崇高的职业理想和人生境界,值得当代大学生选择职业时学习和追求。

奉献社会作为职业道德规范,要求从业者能自觉地意识到自己的社会责任和历史使命,切切实实以自己的职业活动为社会做出实实在在的贡献,并以此作为检验职业道德状况的标准。

第三节　良好职业道德行为养成

一、职业道德行为养成的内涵

只了解职业道德的知识是远远不够的,还必须养成良好的职业道德行为,进而形成习惯。那么,什么是职业道德行为养成呢?

职业道德行为是指从业者在一定的职业道德认知、情感、意志、信念的支配下所采取的自觉活动。对这种活动按照职业道德规范要求进行有意识地训练和培养,称之为职业道德行为养成。

道德认知、道德情感、道德意志、道德信念、道德行为共同构成了职业道德品质。从职业道德的形成来说,道德认知是前提,道德情感和道德意志是动力,道德信念是核心,道德行为习惯是结果。一个人掌握了道德认知,需要内化为道德情感、道德意志和道德信念,在社会生活实践中还应当外化为道德行为习惯。一个人的道德行为习惯,是他道德品质的集中体现。知、情、意、信、行既是道德品质的构成要素,又是道德品质的形成过程。一个人只有做到了道德认知、道德情感、道德意志、道德信念、道德行为的统一,才能表明他是具备了某种道德品质。

二、良好职业道德行为养成的途径和方法

"条条大路通罗马",职业道德行为养成的途径和方法是多种多样的,大学生应当怎样进行职业道德行为养成呢?

(一)在日常生活中培养

1. 学习马克思主义的伦理观,以社会主义核心价值体系为引导

职业道德行为是一种理智的、自觉的活动,它不仅需要科学发展观作指导,也需

要科学文化知识和职业道德理论作基础。因此，认真学习马克思主义伦理观，以社会主义核心价值体系为引导，努力提高职业道德认识，是培养社会主义职业道德的重要前提和必经之路。

2. 从小事做起，严格遵守行为规范

"勿以恶小而为之，勿以善小而不为。"这句古训告诉我们：良好的职业道德行为是通过认真地做好每一件小事而养成的。这是因为，日常的行为规范是道德规范的基础，道德规范是日常行为规范的提高和概括。只有遵守日常行为规范，才能掌握理解基本的道德规范，也才能更好地在职业活动中提高职业道德修养。

3. 从自我做起，自觉养成良好习惯

良好的职业习惯主要是自律的结果。良好的职业习惯一旦形成就是终身受用的资本，反之，不良的习惯则会成为一生的羁绊，阻碍自己的发展。一个整天碌碌无为的人，不可能成就他的事业。

（二）在专业学习中训练

职业道德行为的养成离不开专业技能的学习，通过专业学习亲自感受和体验本行业、本专业具体而丰富的职业道德内涵，有利于养成良好的职业道德行为。

1. 增强职业意识，遵守职业规范

职业意识是社会职业活动在人头脑中的反映。职业规范是指某一职业或岗位的准则，包括操作规程和道德规范。增强职业意识，遵守职业规范，是对从业者的基本素质要求，同时也是从业者能够施展才华，使职业成功从而实现人生价值的重要前提。

2. 重视技能训练，提高职业素养

职业技能是从业者进行职业活动、履行职业责任所必须具备的技术能力。任何职业都有专门的职业技能，它是一个从业者最基本的职业素质，它标志着从业者是否具有胜任工作的能力。职业技能的最大特点是应用性。现代生产技术的进步，使从业者面临不断学习和掌握新技能问题，因此，做一个有职业道德的从业者，不仅要干一行爱一行，而且要干一行钻一行。

（三）在社会实践中砥砺

1. 投身社会实践，培养职业情感

所谓职业情感，是指人们对所从事的职业的好恶、羡慕或鄙夷的情绪和态度。社会实践是培养职业情感的有效途径之一。从业者的职业情感是在专业学习，特别是在职业活动中形成的。通过投身社会实践活动，才能达到认识专业、走近职业、培养职业情感的目的。

2. 学做结合，知行统一

"实践是检验真理的唯一标准"，良好的职业道德修养的养成不是凭空得来的，而是与职业实践相联系的一个不断自我完善的过程。只有在职业实践中，才能深刻认识人们之间的职业关系，真正懂得职业道德的规范和要求，逐步培养起相应的职业道德情感和职业道德信念，形成相应的职业道德行为和职业道德品质。

（四）在自我修养中提高

1. 体验生活，经常进行“内省”

所谓“内省”，即内心的检讨和自我评价，从而使自己的言行符合职业道德标准的要求。坚持理论联系实际，做到知行统一，是职业道德修养养成的根本途径。体验生活，勇于实践，经常进行“内省”，就是要通过职业生活实践来找出自己职业活动中的行为与职业道德规范的差距，进行省察检讨，不断修正，达到知耻而后勇的目的，使自己的行为符合社会主义职业道德的原则和规范。

2. 学习榜样，努力做到“慎独”

“慎独”是儒家的一种道德修养方法，它出于我国古籍《礼记·中庸》：“道也者，不可须臾离也，可离非道也。是故君子戒慎乎其所不睹，恐惧乎其所不闻。莫见乎隐，莫显乎微，故君子慎其独也。”意思是说，在没有外界监督，独自一个人的情况下，也能自觉遵守道德规范，不做任何对国家、对社会、对他人不道德的事情。现在，我们提倡“慎独”，就是重在自律，即在道德上自我约束。同时，我们要向先进人物学习。再次，我们也提倡“积善成德”。

从最隐藏处最能看出人的品质，从最微小处最能显示人的灵魂。所以，道德修养，根在实践，贵在自觉，重在坚持，难在“慎独”。

（五）在职业活动中升华

1. 将道德知识内化为道德信念

道德知识的简单积累并不能使人产生修养上质的飞跃，在职业活动中必须使职业道德知识内化成职业道德信念。所谓内化，是指把学到的道德知识、规范转化为个人内心的情感、意志和信念。职业道德信念是指人们对职业道德理想和职业道德规范的现实性、正义性的深刻而有依据的笃信，以及由此而产生的对自己履行的职业责任和义务的真诚信奉。道德知识一旦内化为道德信念，就会使人产生坚定的道德行为。因此，从业者在职业活动中积极内化道德知识，将道德规范作为自己生存与发展的需要来对待，产生道德情感，形成道德信念，是道德行为养成必不可少的。

2. 将道德信念外化为道德行为

孟子说：“有诸内必形诸外。”外化，是指把内心形成的职业道德情感、意志和信念变成个人自觉的职业道德行为，始终不渝地遵守职业道德规范，履行自己的职业责任和义务。如果一个从业者内心的职业道德情感、意志、信念再炽热而不付诸行动，不通过职业行为体现出来，就只能表明他的这种情感是不真诚的、虚伪的。我们应该在职业活动中做一个知行统一、言行一致的现代职业人。

思考题

1. 为什么职业道德已经越来越成为用人单位选聘人才的第一标准？
2. 职业道德基本规范包括哪些内容？
3. 结合所学专业特点，谈谈良好职业道德行为如何养成？

第八章 创业基础理论与实践

第一节 创业概述

一、创业的定义、意义与作用

(一)创业的定义与特征

创业一词的出现可追溯到二三百年前的法国。1775年法国的经济学家Richard Cantillon将创业者和经济中承担的风险联系在一起,这是对创业的第一次定义,即创业代表着承担风险。创业教育理论家杰夫里·提蒙斯指出:创业是一种思考、推理结合运气的行为方式,它为运气带来的机会所驱动,需要在方法上全盘考虑并拥有领导能力。笔者认为,所谓创业,顾名思义就是开创一番事业。它是指一个人或者一个团队对自身所掌握的知识、技能、信息、机遇等资源加以利用并对其进行有效整合,通过创立或借助一个实体或者虚拟的相应平台,勇于承担一定的风险,从而创造出更多的财富、价值并实现某种追求或目标的过程。

创业是就业的另一种表现形式,不但为自身创造了就业机会,而且也为社会提供就业岗位。一般来说,创业具有以下特征:

(1)创业就是创造出更大价值的过程。

(2)创业需要坚韧不拔的毅力,需要付出极大的牺牲和努力。

(3)创业必然要承担潜在的风险。

(4)创业必然给予成功者以优厚的利润。

(二)大学生创业的特点

(1)大学生通过在校的较系统的专业学习,掌握一定的专业技能,思维活跃,创意新颖，勇于接受挑战；

(2)大学生有国家多项优惠政策和配套措施的有力支持；

(3)大学生由于社会实践经验不足，缺乏对市场的深度把握，容易“虎头蛇尾”。

(三)创业的意义和作用

江泽民指出：“创新是一个民族的灵魂，是一个国家兴旺发达的不竭动力。”美国前总统里根曾说：“一个国家最珍贵的精神遗产就是创新，这是国家强大与繁荣的根源。”美国《时代周刊》也曾指出：“在 21 世纪，改变你命运的只有你自己，别指望有人会来帮助你。从现在开始，‘学习、改变、创业’是通往新世界的唯一道路。”中国的未来发展在于大学生，中华民族的精神永恒则在于大学生旺盛的创造力与创新追求。

随着我国高等教育规模的日益扩大，毕业生人数不断增加，这让许多大学毕业生倍感就业压力。大学毕业生如果能够改变传统的就业观念，利用自己的知识和技能进行创业，不论对自身还是对社会都具有重要意义。大学毕业生创业对缓解就业压力，实现大学生人生理想和自我价值，提高大学生自身素质，培养大学生创新精神等都具有积极的作用。

二、创业者应具备的基本品质和能力

创业过程充满艰险，这就需要创业者拥有智慧、能力、气魄、胆识和心理调控能力等全方位的素质。正如宋代大文豪苏东坡所说：“古之成大事者，不唯有超世之才，亦必有坚韧不拔之志”。大学生只有具备处变不惊的良好心理素质、永不放弃的不懈精神和愈挫愈勇的拼搏意志，才能在创业的道路上自强不息、锐意进取，才能成长为一名真正的企业家。

(一)要有强烈的创业意识和全面的创业能力

强烈的创业意识，帮助创业者克服创业道路上的各种艰难险阻，将创业目标作为自己的人生理想。而创业能力是一种特殊的能力，它往往影响创业活动的效率和创业的成败，由决策分析能力、经营管理能力、专业技术能力与公关协调能力等组成。

(二)要有坚韧不拔的意志和顽强拼搏的精神

当今中国社会正处于改革的攻坚期，机遇与挑战、希望与困难并存。创业是一个必须长期坚持、努力奋斗的过程，如果创业者仅凭自己的一腔激情和梦想去创业，那注定是要失败的。因此，创业者要有坚韧不拔的意志和顽强拼搏的精神才有可能取得成功。

(三)要有“初生牛犊不怕虎”的勇气

俗话说：“商场如战场。”对于初次创业的大学生来说，更需要有一股“初生牛犊不怕虎”的勇气。挫折和失败是创业过程中不可避免的问题，只有理性认识挫折和失败的原因，从中寻找新机遇，明确新目标，才能取得最后的成功。

（四）要有见微知著的细心

俗话说：“千里之堤，溃于蚁穴”，粗心大意会给创业带来无穷的祸患。正如成功学大师卡耐基所说：“一个不注意小事情的人，永远不会成就大事业。”细心作为，细心行动，企业才能避免挫折和失败，健康顺利地生存和发展。

（五）要有良好的创业身心

创业之路艰难曲折，创业者需要面对变化莫测的激烈竞争以及随时可能出现的问题和矛盾，这需要创业者具有非凡的心理调控能力和健康的身体素质，能够持续保持一种积极、沉稳的创业心理品质。

（六）要有诚信的美德

老子曾说过：“人无信不立，国无信则衰。”诚信是中华民族的传统美德，是我们立身、修德、处世的根本，也是企业发展壮大的根本。

（七）要有强烈的竞争意识

优胜劣汰是市场经济最重要的特征之一。创业者在创业之初只有敢于竞争、善于竞争，才能取得成功。

【案例分享】 张敏绣十字绣躺在床上创业

在2012年3月12日举行的“福州市残疾人手工艺品展示义卖活动”中，有一幅十字绣作品拍出了2万元的高价。这幅十字绣的作者叫张敏，是一位10年以床为伴的截瘫女子。

张敏原来是医院的护士。十年前，因产后坐月子时不慎受凉发高烧，脊神经受损，造成高位截瘫。在张敏截瘫后，她和家人一直在为生计而烦恼。然而她的乐观战胜了一切，她认为人既然活着，就要做些事情。在2005年，一次偶然的机遇，她的弟弟发现十字绣有不错的市场，并买回来让张敏尝试，张敏发现这个工作她很感兴趣且可以很好地完成，于是她便开始学习刺绣。从此，张敏开始了刺绣生涯，决心用自己的双手养活自己。

很快，张敏的同事便得知张敏绣十字绣，他们建议她开个淘宝店。然而，张敏家里的经济条件并不好，开店的资金也难以筹集。YBC中国青年创业国际计划福建办的负责人在得知了张敏的创业意向后，主动帮她申请了5万元的无息贷款，张敏的“悠然小屋”网店终于开张了。张敏开心地说：能用自己的双手养活自己、养活全家是件很令她自豪的事情。

第二节　创业策略

一、大学生创业的项目选择

（一）创业项目的涵义

创业项目一般是指创业者所要经营的具体业务。俗话说："好的开始是成功的一半。"创业者在创业前必须进行深入的前期调研与筹划，努力做到胸有成竹，目标明确。创业是风险与机遇并存的，对于缺乏实际工作经验、初入社会的大学毕业生来说，更需要有一个切合自己实际的创业项目，这样才能增加成功的概率。可见，选择一个正确的适合自己的特色项目，是创业的首要环节。

（二）创业项目的前期调研

在创业初期，创业者对项目进行慎重地考察在一定程度上可以降低创业的风险。在对创业项目进行前期调研时，应该注意以下方面：

1. 正当合法性

俗话说："君子爱财，取之有道。"创业的最终目的是为了营利，但营利必须建立在项目的正当合法性之上。创业的正当合法性，不仅指在创业项目选择过程中，要确保项目各个环节符合国家有关法律政策规定，也指要考察合作方是否具备完备的法人资格。对于项目的正当合法性评估应重点从原材料采购环节、生产环节、营销环节来考察。

2. 诚实性

一个项目若要可持续发展，归根结底还要靠项目的自身质量，切不可采取不法手段。而创业项目的诚实性高低恰恰反映了该项目可行性的高低，所以创业者在调研时要注重对项目可信性的考察。对于存在无中生有、以次充好、以假乱真、以小充大等现象的项目，必须加以杜绝。

3. 商业风险性

任何商业行为都是有风险的，创业者必须对创业项目的风险性和自己对风险的可承受程度有较为客观的评估，努力做到"始终了解风险，始终抑制风险"，从而有效控制创业项目的风险性，提高创业项目的成功率。

4. 可持续发展性

一家企业是否是健康成熟的企业，关系到企业发展的速度和质量，关系到创业最终能否成功。创业者在创业之初考察时就要高瞻远瞩，注重对创业项目可持续性的考察，尽可能选择能够保持持续竞争优势的创业项目。

5. 扩张性

做企业和做人一样，必须要不断成长壮大才能形成规模效益。创业成功的过程往往就是创业者逐步成长为企业家的过程，这就要求创业者时时关注创业项目做强做大的潜力。

（三）创业项目的选择

1. 把握市场需求，选择创业项目

著名管理大师法雷尔说过："制造满足顾客需要的产品和服务，永远是成功的秘诀。"这与通常所说的"顾客是上帝"是一致的。然而，由于大学生创业者普遍缺少实战经验，很多人在创业时往往仅凭着一时的冲动选择自己"喜欢"的项目，而没有慎重地进行市场调研，这种鲁莽冲动的行为往往容易导致创业的失败。

因此，对于初次创业的大学生，在选择创业项目的时候，一定要认真做市场调研，了解市场的需求是什么，这样提供的商品和服务才是有效的，才能为创业者带来利润。创业者要始终坚持一个观点，即"企业是为解决顾客的问题而存在的"。

2. 洞悉商品服务中的"真空地带"，把握市场需求

洞悉商品服务中的"真空地带"，是把握市场需求最简单最直接的有效方式。随着中国特色社会主义市场经济的不断健全和完善，国内市场与国际市场中出现许多"真空地带"，要想在空白领域创业并取得成功，则需要创业者具有敏锐的观察力与非凡的执行力。

3. 调查了解人们工作生活中的困难，满足市场需求

市场需求归根结底是人的需求，创业者只要认真调查分析人们在日常生活和工作中存在的困难，就不难发现顾客的需求，进而把握市场的需求，找到合适的创业项目。

4. 分析市场上热销产品背后隐藏的商机，把握市场需求

市场上的热销商品不可能是永远热销的商品，任何商品都有市场生命周期。许多创业者缺乏经验，容易"盲目跟风"。如果正赶上商品的衰退期，多数将以失败告终。理智的创业者应该研究现象背后的规律，以热销商品为导向，研究商品背后的需求。

5. 研究市场上流通产品存在的问题，把握市场需求

俗话说："人无完人"，市场上流通的商品总是有不完美之处，这对创业者而言却是创业的切入点。所以，创业者要留心消费者在使用商品和享受服务时存在的问题。创业者可以针对存在的问题，结合自己的长处和兴趣，选择其中一种进行改善，这样可以大大提高创业的成功率。

6. 进行市场细分，创造市场需求

市场上的商品，由于使用者的行为习惯和心理诉求不同，对同一商品的评价也就不同，这就需要创业者在选择创业项目时进行市场细分。通过市场细分划分出的每个消费者群就是一个子市场。因此，本着"有所为有所不为"的原则，有利于确定创业项目和提高创业成功率。

7. 从小做起，量力而行

尽管现在国家鼓励大学生进行创业，也有很多成功的案例，但是大学生必须铭记的是，创业不是一夜暴富的捷径，它是一种有风险的商业行为，所以，在创业过程中必须遵循量力而行的原则。大学生创业者应该正确地认识自己的优势与劣势，在选择创业项目时应该根据自己的实际，将创业与自己的知识、特长、技能、兴趣、爱好相结合，选择特色创业项目，以资源优势优先为原则，这样有利于扬长避短、趋利避害，提高创业的成功率。

8. 需要考虑的其他因素

这里主要指有关产品需求的因素，例如，需要考虑经济状况、人口数量与性别、消费者偏好及生活方式对产品需求的影响。

二、大学生创业者应具备的能力

如果大学生把自己的职业选择定位为自主创办一个企业，那就必须知道成为成功的创业者必备的条件。

（一）领导能力

从创业者所承担的工作的本质来看，创业者必须拥有领导能力。因为成功的领导者不是靠单打独斗，而是要依靠集体的协作力量来实现目标。因此，如何让员工更好按照创业者的期望做事，是衡量创业者领导能力强弱的一个标准。创业者要通过不断学习和实践，提高自己的领导能力。

（二）决策能力

创业者必须具备决策能力，有创新思维，不墨守成规，能根据客观情况的变化，及时提出新目标，不断开拓新局面，创出新路子。因此，创业者的决策能力对公司的发展有着举足轻重的作用。

（三）风险承担力

和日常生活一样，风险是无法完全避免的，所以一定要提高自己评估和承担风险的能力。这里所说的风险承担力，既包括预测的风险出现后创业者承受风险的能力，也包括创业者在风险出现前对风险的承担能力。风险承担能力的提高，不仅有助于增强创业者的自信心，而且能够使创业者更好地把控未来。

（四）经营管理能力

经营管理能力是指创业者对人、财、物的管理能力。它既涉及人员的选择、使用、组合优化，也涉及资金的聚集、核算、分配、使用、流动。经营管理能力是一种较高层次的综合能力，它的形成要从学会经营、学会管理、学会用人、学会理财等四个方面入手。

（五）专业技术能力

专业技术能力是创业者掌握和运用专业知识进行专业生产的能力。它的形成具有很强的实践性，许多专业知识和专业技巧要在实践中摸索，才能逐步提高、发展、完善。创业者要注重积累专业技术方面的经验，还要进行职业技能的训练。

（六）公关协调能力

公关协调能力主要指能够妥善地处理在日常经营过程中或突发事件发生时与公众（政府部门、新闻媒体、客户等）之间的关系。创业不可能在“真空”中进行，因此，创业者应该做到妥当地处理与外界的关系。

（七）创新能力

创新能力是一种综合能力，与人们的知识、经营技能和心理素质等密切相关，它取决于意识、智力、创造性思维和创造性想象等，具有广博知识、丰富的实践经验、熟练的专业技能、扎实的专业基础知识、良好的心态的人更容易形成创新能力。

上述七个方面的基本素质是一个整体，缺一不可。因此对于创业者而言，不仅要注重在教育和环境的双重影响下培养自己的创业素质，更要注重其整体结构的优化。因此，要想成为一个成功的创业者，就要做一个终身学习和实践的人。

【案例分享】 大学生陈跃州饲养澳大利亚“国鸟”

陈跃州毕业于南京大学食品科学与工程专业，他的老家位于福建省永安市小陶镇坚村。自从2007年9月，陈跃州决定回乡创业以来，这一个前不着村后不着店的山旮旯突然热闹了起来。

四面八方的人们经常三五成群来到这里，既来看“鸟”，也来看“人”。人们来到这里看“鸟”，是因为在这里饲养的“鸟”不是一般的“大鸟”，而是澳大利亚的“国鸟”——澳洲鸵鸟；来到这里看人是因为在这里饲养澳洲鸵鸟的人不是普通人，而是三位平均年龄只有27岁的年轻大学毕业生。

2007年1月，陈跃州被中央电视台《财富故事会》栏目播放的“最后12只‘鸵鸟’”迷住了。该节目讲述了广东省五华县的汤湖热矿泥山的主人吴先生为了吸引游客，养鸵鸟供游客来观赏和照相，其中的鸟是一种名叫鸸鹋的动物，它是澳大利亚的国鸟，又叫澳洲鸵鸟。

2008年3月，他们运进了第一批鸸鹋，共250只。不久，陈跃洲的“鸵鸟”事业得到了YBC的大力扶持，专家组成员经常穿梭其中，原本已经热闹的山区就更加沸腾了。

目前，陈跃洲的公司已经和广州的一家公司签订了鸸鹋收购合同，作为福建省第一个养殖鸸鹋的人，他们计划留下100只鸸鹋，养殖到产蛋后，自行孵化小鸸鹋，再以“公司＋基地＋农户”的模式，为农户提供小鸸鹋，并负责收购和技术指导，带动家乡农民增收致富。

第三节　创业实施

一、制订创业计划书的相关知识

（一）创业计划与创业计划书

（1）创业计划是对即将展开的创业项目进行可行性分析的过程，也是在向风险投资者宣传拟建的公司及其经营方式，包括企业的产品、营销、市场及人员、制度、管理等各个方面，所以在一定程度上也是拟建企业对外进行宣传和愿景描述的文件。创业计划是一份全方位的商业计划，其主要用途是递交给投资商，以便于他们能对该项目做出评判，从而使企业获得融资。

（2）创业计划书是创业者准备创立企业的书面摘要，是创业者在创立企业之前就某项具有市场前景的新产品或服务，向潜在投资者、风险投资公司或合作伙伴等进行游说以取得合作支持或风险投资的一份可行性商业报告。同时，创业计划书还是创业资金准备和风险分析的必要手段之一。

（二）创业计划书的作用和内容

“凡事预则立，不预则废”，如果有了一个好的创业想法，要想成功，就要进行创业规划，最有效的方式就是制订一份科学而完备的创业计划书。

1. 创业计划书的作用

(1)能帮助创业者理清思路,对创业设想做出正确评估。

(2)能帮助创业者招募员工,凝聚人心,进行有效管理。

(3)能帮助创业者将企业的发展前景介绍给投资者,从而获得融资。

(4)能帮助创业者避免失误,降低投资风险。

(5)能帮助创业者不断健全和完善经营理念。

2. 创业计划书的内容

编写一份优秀的创业计划书不是一件简单的事。创业计划书有相对固定的格式,包括创业需要涉及的所有内容。

(1)封面

封面的设计要有审美观和艺术性,一个好的封面会使阅读者产生最初的好感,形成良好的第一印象。

(2)计划概要

摘要是整个商业计划书的"风头",是对整个计划书的最高度概括,它是浓缩了的创业计划的精华。某位投资者是否中意你的项目,主要取决于摘要部分。计划概要一般包括以下内容:公司介绍;管理者及其组织;主要产品和业务范围;市场概貌;营销策略;销售计划;生产管理计划;财务计划;资金需求状况等。

(3)项目(服务)介绍

主要介绍项目的基本情况,产品的市场竞争力,产品的研究和开发过程,发展新产品的计划和成本分析,产品的市场前景预测,产品的品牌和专利,企业主要设施和设备、生产工艺的基本情况、生产以及质量控制、库存管理、售后服务等内容。产品介绍要对产品(服务)做出准确又通俗易懂的详细说明,使普通投资者也能明白,最好附上产品照片或实物。

(4)市场分析

主要介绍产品或服务的市场情况,包括目标市场基本情况、未来市场的发展规模、目标客户群的购买力等。

(5)行业分析

主要是正确评价企业所归属行业的基本特点、竞争状况、未来的发展趋势以及企业在整个产业或行业和同类型企业进行 SWOT 对比分析,明确企业的核心竞争优势。

(6)营销策略

营销策略包括市场机构和营销渠道的选择,营销队伍的管理,促销计划和广告策略,价格决策等。

(7)管理团队

在企业的生产过程中,存在着人力资源管理、技术管理、财务管理、作业管理、产品管理,而人力资源管理是其中最重要的一个环节。创业计划书中,必须要对主要管理人员加以阐明，主要介绍管理理念、管理结构、管理方式、主要管理人员和顾问队伍等基本情况以及员工安排和薪资标准。

(8)财务分析

主要对未来5年的营业收入和经营成本进行估算，制作销售估算表、成本估算表、损益量表，计算盈亏平衡点、投资回收期、投资回报率等。财务规划一般要包括以下内容：

①重点是现金流量表、资产负债表以及损益表的制备。

②流动资金是企业的生命线，因此企业在初创或扩张时，对流动资金需要预先计划和进行过程中的严格控制。

③损益表反映的是企业的营利状况，它是企业在一段时间运作后的经营结果。资产负债表则反映在某一时刻的企业经营状况，投资者可以用资产负债表中的数据来衡量企业的经营状况以及可能的投资回报率。

(9)资金需求

创办公司需要的资金数额、募集的方式、详细使用规划等。

(10)资金的退出

投资者如何收回投资，什么时间收回投资，大约有多少回报率等情况。

(11)风险与风险管理

包括本项目将来会遇到的各种风险，以及应对这些风险的具体措施。

(12)结论

项目的商业计划的结论性概括。

(13)附件

由于篇幅的限制，未尽的内容，或需要提供参考资料的内容，放在附录部分，供投资者参考。

二、计划实施

(一)资金筹措渠道

俗话说："巧妇难为无米之炊"。资金是创业企业必备的要素之一，因此，寻求资金来源是创业者所必须考虑的一个重要因素。融资渠道即筹措资金的方向和通道，认清融资渠道种类和特点，有利于降低融资成本。融资的主要来源有：

1. 银行贷款

银行对企业的各种贷款，是我国目前企业最重要的资金来源。我国银行分为商业银行和政策性银行两种。商业银行是以营利为目的，从事信贷资金投放的金融机构，它为企业提供各种商业性贷款；政策性银行是为特定企业提供政策性贷款。银行贷款方式灵活多样，可以满足各类企业的多种资金需求。

2. 政策性资金

这类是根据国家或者地方的有关政策而得到的无偿或者优惠的扶持创业资金。各地政府部门为了调节产业导向，为了鼓励大学生等个人创业，每年都会拿出一些扶持性资金。这些资金主要通过两种方式来扶持符合国家产业政策的创业者，一是加强基础设施建设，为创业者提供良好的环境和氛围，如为有发展前途的高科技人才提供免费的创业园地。二是建立创业基金，这是国家为了扶持、促进科技型中心企业技术创新而设立的一种引导性资金。

创业者要善于利用政府扶持政策，从政府方面获得融资支持，还有多项的地方性优惠政策。具体如下：

(1)国家各部委设立的扶持基金

如科技部863计划、973计划、星火计划、火炬计划、创新基金等。国家发改委中小企业发展专项基金等。

(2)创业小额贷款

2006年共青团中央、国家开发银行联合启动"中国青年创业小额贷款项目"，支持对象主要是全国40岁以下青年初次创业的小额贷款和40岁以下青年企业家二次创业的小企业贷款。

(3)YBC基金

YBC是Youth Business China(中国青年创业国际计划)的缩写。它是共青团中央、中华全国青年联合会、中华全国工商业联合会共同倡导发起的青年创业教育项目。其宗旨是：培养创业精神，提高创业能力，促进经济与社会协调发展。

(4)科技型中小企业技术创新基金

经国务院批准设立，是用于支持科技型中小企业技术创新的政府专项基金，扶持和引导技术型中小企业的技术创新活动。

3. 自我累积基金

很多成功的创业者都是依靠最初给别人打工赚来了第一桶金和宝贵的职业经验。

4. 亲友资金

在公司创办初期，由于公司存在着较大的经营风险，会导致筹资困难。朋友和亲属们在筹集资金方面起着关键的作用，可以借助亲友的资助顺利开业。

5. 民间借贷

民间借贷被称为"草根金融"，手续简便，时效性强，但容易产生纠纷，在借款前应准确评估借贷风险性，在借款过程中应确保借据要素齐全，利率合理。

6. 境外资金

境外资金主要是指国外投资者及我国港澳台地区投资者投入的资金。

7. 风险投资

风险投资是由职业金融家投入到新兴的、迅速发展的、具有巨大潜力的企业中的一种权益资本，它是一种“专家理财、集合投资、风险分散”的现代投资机制，大多投资到处于初创时期或快速成长时期的高科技企业。

8. 天使投资

天使投资是权益资本投资的一种形式，是指个人出资协助具有专门技术或独特概念的原创项目或小型初创企业，进行一次性的前期投资，是风险投资的一种形式。而“天使投资人”通常是指投资于非常年轻的公司以帮助这些公司迅速启动的投资人。

（二）企业法律形式的选择

创业者在创建一个企业时，都面临企业的法律形式选择问题。企业的法律形式有多种，对于大学生创业，登记注册的企业法律形式最为常见的有以下三种：

1. 公司企业

公司是以营利为目的，由一定的投资者共同投资组建，投资人以其投资额为限对公司债务负责，公司以其全部财产对外承担民事责任的企业法人。公司有独立的财产，公司财产完全独立于投资股东的财产，公司对其财产拥有独立的支配权。

2. 合伙企业

合伙企业是两人及两人以上以营利为目的，依照合伙协议共同投资、共同经营、共享收益、共负盈亏、共担风险的企业。合伙企业在法律形态上不具备完全独立的法律地位，不具有法人资格，企业没有独立于合伙人的法律主体资格，合伙人须对企业债务承担无限连带责任。

3. 个人独资企业

个人独资企业是以一个自然人投资，并对企业事务有完全控制支配权的企业。个人独资企业的投资自然人完全依据投资人的自我意志进行经营活动，享有企业的全部收益，并承担企业的全部风险。个人独资企业不具备法人资格，投资人对企业债务承担无限责任，投资人不仅要以全部的出资额为企业清偿债务，而且还要以他的其他个人财产清偿债务。

（三）企业登记注册的一般流程

1. 名称预先核准

由全体股东指定的代表或者共同委托的代理人，向公司登记机关申请公司名称核准。公司登记机关自收到上述所列文件之日起 10 日内，做出核准或者驳回的决定，公司登记机关决定核准的，即发给《企业名称预先核准通知书》。

2. 办理经营场所手续

公司以购买或租赁的方式取得的经营场所的相关证明。

3. 前(后)置审批

根据创业的性质与行业不同,创业的经营范围实行国家归口单位统一管理。凡属专项管理范围的经营项目,都要办理前置审批手续,需要到政府相关机构办理批准手续。

4. 银行注资

准备好设立企业的注册资金(按照规定至少不低于政策允许的最低注册资金),在银行服务窗口(临时用)办理注资手续,取得注资证明。

5. 正式注册

在工商机构办理注册登记的窗口办理注册手续,取得营业执照。

6. 刻制印章

我国法律规定任何机关、社会团体、企事业单位、公司及其他法人刻制公章,必须经主管部门同意,凭有关证明文件向当地公安机关申请并同意后,到指定的刻制单位刻制。完成后,还应在公安机关及相应的主管部门进行备案,方可正式使用。公司刻制印章包括公章和法定代表人私章。

7. 办理组织机构代码证

组织机构代码是由组织机构代码主管部门根据国家关于实行统一代码标识制度的规定,给每个企事业单位、社会团体和党政机关颁发一个唯一的、始终不变的、符合国际标准化组织有关机构编码规则的法定代码标识,由8位字符本体代码和一位字符校验码组成,表示形式如:12345678－8,本体代码(8位)和校验码(1位)。

8. 建立银行账户

银行账户是各单位为办理结算和申请贷款在银行开立的户头,也是单位委托银行办理贷款和转账结算及现金收付业务的工具,它具有监督和反映国民经济各部门、各单位经济活动的作用。根据《银行账户管理办法》,开设银行账户。

9. 申领税务登记证

取得营业执照30天内携带营业执照、印章、企业章程等相关资料,在税务机构窗口办理税务登记手续。取得税务登记证后30天内,分别到企业所在地国税所、地税所报到,并办理购置发票、税控机等手续。

10. 纳税申报

企业无论有无经营收入,无论是否享受税收减免,都应在规定的申报期限内办理纳税申报。

11. 办理企业用人社会保险登记、工资手册

此外，还要办理企业用人社会保险登记、工资手册，以便更好地管理员工。

三、创业风险及防范

（一）创业风险的概念

广义的风险，指的是由于客体的复杂性和主体能力与实力的有限性以及社会环境的不确定性而导致某一事项或活动偏离预期的现象或存在偏离预期的可能性。简单地说，风险就是发生不幸事件的概率。

所谓创业风险，是指由于创业机会与创业企业的复杂性、创业者与创业团队能力与实力的有限性、创业环境的不确定性导致创业活动偏离或无法达到预期目标的可能性。创业风险可能会给创业者的现行资产或潜在的利润带来损失。

（二）创业风险的共同特征

虽然不同的创业项目存在的风险不尽相同，但创业风险有其共同的特征。

1. 客观性

创业风险存在于创业活动的整个过程中，不因人的意志而转移，也没有办法完全消除，伴随着创业活动的始终。

2. 损害性

创业风险与创业者的利益密切相关，风险一旦发生，必然会给创业者的利益造成一定的损害。

3. 不确定性

创业风险与时间、空间、社会环境等密切相关，但是时间、空间、损失程度又是不确定的，它们是不断变化的，这就造成了创业风险的不确定性。

4. 可预测性

从风险的总体而言，在一定时期内，某种风险发生的概率和损失率，是能够用概率论原理预测出来的。因此通过对客观环境的观察，是能够做到对创业风险进行预测的。

5. 可控性

风险是由一定的客观条件造成的，当客观条件发生变化时，风险及其带来的损失会发生变化。因此，控制引发风险的客观条件，在一定程度上可以控制风险的发生，或将风险带来的损失降到最低。

（三）创业风险管理

1. 创业风险管理

创业风险管理是指创业者对各种创业风险的认识、控制、处理和善后的主动行为。它要求创业者研究探寻创业风险背后的规律，预测风险带来的损失程度，在风险发生时能够采取有力的控制手段，将风险带来的损失降至最低，进而确保创业项目的安全。

2. 创业风险管理的作用

创业风险管理对企业的具体作用表现为：第一，使创业者有限的资金能够更有效地投入使用；第二，使新创办企业在激烈的竞争环境中获取更有利的地位；第三，有利于新创办企业早日实现规范化管理。

3. 创业风险的种类

(1)技术风险

技术风险是指由于技术的不确定性而带来的创业失败的可能性。企业家的创业技术在实践中是否可行，是否能够真正地转化为生产力，预测与现实可能会存在偏差，就会导致技术风险的出现。

(2)市场风险

市场风险，主要是指在创业过程中将产品投向市场时，由市场的不确定性带来创业失败的可能性。

(3)社会环境风险

社会环境风险是指由外部环境的变化而给企业带来的风险。对于创业者来说，要想更好地把握外部环境，就要更多地了解政策制度信息，它们对创业者能否创业成功有着至关重要的影响。

(4)财务风险

财务风险是指因资金不能适时供应而给创业企业带来的风险。

(5)人力资源风险

人力资源风险主要是指由于人的因素，包括创业者、创业团队中的主要成员和企业员工对创业发展产生不良影响或偏离经营目标从而给企业带来的影响。

(6)管理风险

管理风险主要指在创业过程中由于创业者素质不高而造成管理不善给企业带来的风险

(7)法律风险

法律风险是指由于企业外部环境发生变化，或由于包括企业自身在内的法律主体未按照法律规定或合同约定有效行使权利、履行义务，而对企业造成负面法律后果的可能性。

(四)创业风险的识别与防范

1. 创业风险的识别

(1)创业风险识别的概念

创业风险识别是企业依据创业活动的迹象，在各类风险事件发生前运用各种方法对风险进行的辨认和鉴别，是系统地、连续地发现风险和不确定性的过程。

创业风险识别的目的，也就在于如何正确发现并识别创业风险，从而为有效地控制企业风险奠定基础。

(2)创业风险识别的途径

创业者或创业企业在识别自身存在的风险时，通常有以下几个方面：

①自然环境。自然环境是最基本的风险来源，如暴雨、火灾等天灾都会引致自然环境的变化，不可避免地给不少行业带来巨大损失。

②社会经济文化环境。由于人的价值观不断改变，物质享受不断升级，人类的行为及社会架构也间接成为风险来源。

③政治与法制环境。一般而言，创业者在面对不同的政治制度时都有不同的见解和行动，创业者往往需要审慎考虑国家政治环境转变对企业的影响。

④企业自身的营运环境。创业企业活动的性质对于识别创业风险的存在，确定创业风险的种类起着重要的作用。这里所指的活动包括创业企业活动的性质、企业的生产经营方式、企业的生产经营过程等，其中生产经营方式的不同决定了风险识别渠道的方法不同。

2. 创业风险的防范

(1)谨慎选择项目，避免盲目跟风。大学生创业者既要客观地分析自身的创业条件，更要冷静地分析创业环境，尽量选择技术含量高、自主知识产权明晰的项目，并在技术创新的基础上做好产品市场化工作。在选择项目过程中切忌盲目跟风，一定要选择自己最熟悉、最擅长、最有经验、资源最丰富且投资少、见效快、风险小的行业来做。同时，还要组建一支专业互补、能力互补、性格互补、志同道合的创业团队，这对于初期创业是否成功至关重要。

(2)端正心态，积极参与竞争，杜绝急于求成的思想。春天不耕耘，哪来秋天的收获。创业也是如此，需要一个由小到大、由弱到强、由不成熟到成熟的成长过程。创业中期需要克服急躁冒进的情绪，采取步步为营、稳扎稳打的谨慎策略，任何浮躁和急功近利的举动，都可能导致前功尽弃。因此，大学生创业者要积极参与竞争，逐步创立自己的品牌形象，在逆境中坚持，在顺境中要冷静，做好与风险和困难作斗争的思想准备。

(3)完善组织架构，建立激励和制约机制，凝聚人才，稳步发展。在创业初期，创业者主要通过集权来实施管理。创业成功后，企业就必须建立一整套完善的组织架构来有效地执行决策，有计划地完成企业既定的目标。人才是企业发展的关键要素，人力资本是企业核心资本之一，有效合理的激励机制能够凝聚创新人才共同奋斗，开创企业的美好未来。同时也要建立健全的制约机制和各项规章制度，对权力进行必要的制衡，避免盲目扩张，这样才能使企业获得稳步发展。

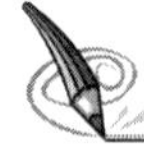

思考题

1. 创业者应具备的基本品质和能力有哪些？
2. 如何选择创业项目？
3. 创业计划书的主要内容有哪些？
4. 企业登记注册的一般流程有哪些？
5. 如何有效防范创业风险？

附录

中华人民共和国公司法

（1993年12月29日第八届全国人民代表大会常务委员会第五次会议通过根据1999年12月25日第九届全国人民代表大会常务委员会第十三次会议《关于修改〈中华人民共和国公司法〉的决定》第一次修正根据2004年8月28日第十届全国人民代表大会常务委员会第十一次会议《关于修改〈中华人民共和国公司法〉的决定》第二次修正2005年10月27日第十届全国人民代表大会常务委员会第十八次会议修订）

目　录

第一章　总　则

第一条　为了规范公司的组织和行为，保护公司、股东和债权人的合法权益，维护社会经济秩序，促进社会主义市场经济的发展，制定本法。

第二条　本法所称公司是指依照本法在中国境内设立的有限责任公司和股份有限公司。

第三条　公司是企业法人，有独立的法人财产，享有法人财产权。公司以其全部财产对公司的债务承担责任。

有限责任公司的股东以其认缴的出资额为限对公司承担责任；股份有限公司的股东以其认购的股份为限对公司承担责任。

第四条　公司股东依法享有资产收益、参与重大决策和选择管理者等权利。

第五条　公司从事经营活动，必须遵守法律、行政法规，遵守社会公德、商业道德，诚实守信，接受政府和社会公众的监督，承担社会责任。

公司的合法权益受法律保护，不受侵犯。

第六条　设立公司，应当依法向公司登记机关申请设立登记。符合本法规定的设立条件的，由公司登记机关分别登记为有限责任公司或者股份有限公司；不符合本法规定的设立条件的，不得登记为有限责任公司或者股份有限公司。

法律、行政法规规定设立公司必须报经批准的，应当在公司登记前依法办理批准手续。

公众可以向公司登记机关申请查询公司登记事项，公司登记机关应当提供查询服务。

第七条　依法设立的公司，由公司登记机关发给公司营业执照。公司营业执照签发日期为公司成立日期。

公司营业执照应当载明公司的名称、住所、注册资本、实收资本、经营范围、法定代表人姓名等事项。

公司营业执照记载的事项发生变更的，公司应当依法办理变更登记，由公司登记机关换发营业执照。

第八条　依照本法设立的有限责任公司，必须在公司名称中标明有限责任公司或者有限公司字样。

依照本法设立的股份有限公司，必须在公司名称中标明股份有限公司或者股份公司字样。

第九条 有限责任公司变更为股份有限公司，应当符合本法规定的股份有限公司的条件。股份有限公司变更为有限责任公司，应当符合本法规定的有限责任公司的条件。

有限责任公司变更为股份有限公司的，或者股份有限公司变更为有限责任公司的，公司变更前的债权、债务由变更后的公司承继。

第十条 公司以其主要办事机构所在地为住所。

第十一条 设立公司必须依法制定公司章程。公司章程对公司、股东、董事、监事、高级管理人员具有约束力。

第十二条 公司的经营范围由公司章程规定，并依法登记。公司可以修改公司章程，改变经营范围，但是应当办理变更登记。

公司的经营范围中属于法律、行政法规规定须经批准的项目，应当依法经过批准。

第十三条 公司法定代表人依照公司章程的规定，由董事长、执行董事或者经理担任，并依法登记。公司法定代表人变更，应当办理变更登记。

第十四条 公司可以设立分公司。设立分公司，应当向公司登记机关申请登记，领取营业执照。分公司不具有法人资格，其民事责任由公司承担。

公司可以设立子公司，子公司具有法人资格，依法独立承担民事责任。

第十五条 公司可以向其他企业投资；但是，除法律另有规定外，不得成为对所投资企业的债务承担连带责任的出资人。

第十六条 公司向其他企业投资或者为他人提供担保，依照公司章程的规定，由董事会或者股东会、股东大会决议；公司章程对投资或者担保的总额及单项投资或者担保的数额有限额规定的，不得超过规定的限额。

公司为公司股东或者实际控制人提供担保的，必须经股东会或者股东大会决议。

前款规定的股东或者受前款规定的实际控制人支配的股东，不得参加前款规定事项的表决。该项表决由出席会议的其他股东所持表决权的过半数通过。

第十七条 公司必须保护职工的合法权益，依法与职工签订劳动合同，参加社会保险，加强劳动保护，实现安全生产。

公司应当采用多种形式，加强公司职工的职业教育和岗位培训，提高职工素质。

第十八条 公司职工依照《中华人民共和国工会法》组织工会，开展工会活动，维护职工合法权益。公司应当为本公司工会提供必要的活动条件。公司工会代表职工就职工的劳动报酬、工作时间、福利、保险和劳动安全卫生等事项依法与公司签订集体合同。

公司依照宪法和有关法律的规定，通过职工代表大会或者其他形式，实行民主管理。

公司研究决定改制以及经营方面的重大问题、制定重要的规章制度时，应当听取公司工会的意见，并通过职工代表大会或者其他形式听取职工的意见和建议。

第十九条 在公司中，根据中国共产党章程的规定，设立中国共产党的组织，开展党的活动。公司应当为党组织的活动提供必要条件。

第二十条 公司股东应当遵守法律、行政法规和公司章程，依法行使股东权利，不得滥用股东权利损害公司或者其他股东的利益；不得滥用公司法人独立地位和股东有限责任损害公司债权人的利益。

公司股东滥用股东权利给公司或者其他股东造成损失的，应当依法承担赔偿责任。

公司股东滥用公司法人独立地位和股东有限责任，逃避债务，严重损害公司债权人利益的，应当对公司债务承担连带责任。

第二十一条 公司的控股股东、实际控制人、董事、监事、高级管理人员不得利用其关联关系损害公司利益。

违反前款规定，给公司造成损失的，应当承担赔偿责任。

第二十二条 公司股东会或者股东大会、董事会的决议内容违反法律、行政法规的无效。股东会或者股东大会、董事会的会议召集程序、表决方式违反法律、行政法规或者公司章程，或者决议内容违反公司章程的，股东可以自决议作出之日起六十日内，请求人民法院撤销。

股东依照前款规定提起诉讼的，人民法院可以应公司的请求，要求股东提供相应担保。

公司根据股东会或者股东大会、董事会决议已办理变更登记的，人民法院宣告该决议无效或者撤销该决议后，公司应当向公司登记机关申请撤销变更登记。

第二章 有限责任公司的设立和组织机构

第一节 设 立

第二十三条 设立有限责任公司，应当具备下列条件：

（一）股东符合法定人数；

（二）股东出资达到法定资本最低限额；

（三）股东共同制定公司章程；

（四）有公司名称，建立符合有限责任公司要求的组织机构；

（五）有公司住所。

第二十四条 有限责任公司由五十个以下股东出资设立。

第二十五条 有限责任公司章程应当载明下列事项：

（一）公司名称和住所；

（二）公司经营范围；

（三）公司注册资本；

（四）股东的姓名或者名称；

(五)股东的出资方式、出资额和出资时间；

(六)公司的机构及其产生办法、职权、议事规则；

(七)公司法定代表人；

(八)股东会会议认为需要规定的其他事项。

股东应当在公司章程上签名、盖章。

第二十六条 有限责任公司的注册资本为在公司登记机关登记的全体股东认缴的出资额。公司全体股东的首次出资额不得低于注册资本的百分之二十，也不得低于法定的注册资本最低限额，其余部分由股东自公司成立之日起两年内缴足；其中，投资公司可以在五年内缴足。

有限责任公司注册资本的最低限额为人民币三万元。法律、行政法规对有限责任公司注册资本的最低限额有较高规定的，从其规定。

第二十七条 股东可以用货币出资，也可以用实物、知识产权、土地使用权等可以用货币估价并可以依法转让的非货币财产作价出资；但是，法律、行政法规规定不得作为出资的财产除外。

对作为出资的非货币财产应当评估作价，核实财产，不得高估或者低估作价。法律、行政法规对评估作价有规定的，从其规定。

全体股东的货币出资金额不得低于有限责任公司注册资本的百分之三十。

第二十八条 股东应当按期足额缴纳公司章程中规定的各自所认缴的出资额。股东以货币出资的，应当将货币出资足额存入有限责任公司在银行开设的账户；以非货币财产出资的，应当依法办理其财产权的转移手续。

股东不按照前款规定缴纳出资的，除应当向公司足额缴纳外，还应当向已按期足额缴纳出资的股东承担违约责任。

第二十九条 股东缴纳出资后，必须经依法设立的验资机构验资并出具证明。

第三十条 股东的首次出资经依法设立的验资机构验资后，由全体股东指定的代表或者共同委托的代理人向公司登记机关报送公司登记申请书、公司章程、验资证明等文件，申请设立登记。

第三十一条 有限责任公司成立后，发现作为设立公司出资的非货币财产的实际价额显著低于公司章程所定价额的，应当由交付该出资的股东补足其差额；公司设立时的其他股东承担连带责任。

第三十二条 有限责任公司成立后，应当向股东签发出资证明书。

出资证明书应当载明下列事项：

(一)公司名称；

(二)公司成立日期；

(三)公司注册资本；

(四)股东的姓名或者名称、缴纳的出资额和出资日期；

(五)出资证明书的编号和核发日期。

出资证明书由公司盖章。

第三十三条　有限责任公司应当置备股东名册，记载下列事项：

（一）股东的姓名或者名称及住所；

（二）股东的出资额；

（三）出资证明书编号。

记载于股东名册的股东，可以依股东名册主张行使股东权利。

公司应当将股东的姓名或者名称及其出资额向公司登记机关登记；登记事项发生变更的，应当办理变更登记。未经登记或者变更登记的，不得对抗第三人。

第三十四条　股东有权查阅、复制公司章程、股东会会议记录、董事会会议决议、监事会会议决议和财务会计报告。

股东可以要求查阅公司会计账簿。股东要求查阅公司会计账簿的，应当向公司提出书面请求，说明目的。公司有合理根据认为股东查阅会计账簿有不正当目的，可能损害公司合法利益的，可以拒绝提供查阅，并应当自股东提出书面请求之日起十五日内书面答复股东并说明理由。公司拒绝提供查阅的，股东可以请求人民法院要求公司提供查阅。

第三十五条　股东按照实缴的出资比例分取红利；公司新增资本时，股东有权优先按照实缴的出资比例认缴出资。但是，全体股东约定不按照出资比例分取红利或者不按照出资比例优先认缴出资的除外。

第三十六条　公司成立后，股东不得抽逃出资。

第二节　组织机构

第三十七条　有限责任公司股东会由全体股东组成。股东会是公司的权力机构，依照本法行使职权。

第三十八条　股东会行使下列职权：

（一）决定公司的经营方针和投资计划；

（二）选举和更换非由职工代表担任的董事、监事，决定有关董事、监事的报酬事项；

（三）审议批准董事会的报告；

（四）审议批准监事会或者监事的报告；

（五）审议批准公司的年度财务预算方案、决算方案；

（六）审议批准公司的利润分配方案和弥补亏损方案；

（七）对公司增加或者减少注册资本作出决议；

（八）对发行公司债券作出决议；

（九）对公司合并、分立、解散、清算或者变更公司形式作出决议；

（十）修改公司章程；

（十一）公司章程规定的其他职权。

对前款所列事项股东以书面形式一致表示同意的，可以不召开股东会会议，直接作出决定，并由全体股东在决定文件上签名、盖章。

第三十九条　首次股东会会议由出资最多的股东召集和主持，依照本法规定行使职权。

第四十条　股东会会议分为定期会议和临时会议。

定期会议应当依照公司章程的规定按时召开。代表十分之一以上表决权的股东，三分之一以上的董事，监事会或者不设监事会的公司的监事提议召开临时会议的，应当召开临时会议。

第四十一条　有限责任公司设立董事会的，股东会会议由董事会召集，董事长主持；董事长不能履行职务或者不履行职务的，由副董事长主持；副董事长不能履行职务或者不履行职务的，由半数以上董事共同推举一名董事主持。

有限责任公司不设董事会的，股东会会议由执行董事召集和主持。

董事会或者执行董事不能履行或者不履行召集股东会会议职责的，由监事会或者不设监事会的公司的监事召集和主持；监事会或者监事不召集和主持的，代表十分之一以上表决权的股东可以自行召集和主持。

第四十二条　召开股东会会议，应当于会议召开十五日前通知全体股东；但是，公司章程另有规定或者全体股东另有约定的除外。

股东会应当对所议事项的决定作成会议记录，出席会议的股东应当在会议记录上签名。

第四十三条　股东会会议由股东按照出资比例行使表决权；但是，公司章程另有规定的除外。

第四十四条　股东会的议事方式和表决程序，除本法有规定的外，由公司章程规定。

股东会会议作出修改公司章程、增加或者减少注册资本的决议，以及公司合并、分立、解散或者变更公司形式的决议，必须经代表三分之二以上表决权的股东通过。

第四十五条　有限责任公司设董事会，其成员为三人至十三人；但是，本法第五十一条另有规定的除外。

两个以上的国有企业或者两个以上的其他国有投资主体投资设立的有限责任公司，其董事会成员中应当有公司职工代表；其他有限责任公司董事会成员中可以有公司职工代表。董事会中的职工代表由公司职工通过职工代表大会、职工大会或者其他形式民主选举产生。

董事会设董事长一人，可以设副董事长。董事长、副董事长的产生办法由公司章程规定。

第四十六条　董事任期由公司章程规定，但每届任期不得超过三年。董事任期届满，连选可以连任。

董事任期届满未及时改选，或者董事在任期内辞职导致董事会成员低于法定人数的，在改选出的董事就任前，原董事仍应当依照法律、行政法规和公司章程的规定，履行董事职务。

第四十七条 董事会对股东会负责,行使下列职权:

(一)召集股东会会议,并向股东会报告工作;

(二)执行股东会的决议;

(三)决定公司的经营计划和投资方案;

(四)制订公司的年度财务预算方案、决算方案;

(五)制订公司的利润分配方案和弥补亏损方案;

(六)制订公司增加或者减少注册资本以及发行公司债券的方案;

(七)制订公司合并、分立、解散或者变更公司形式的方案;

(八)决定公司内部管理机构的设置;

(九)决定聘任或者解聘公司经理及其报酬事项,并根据经理的提名决定聘任或者解聘公司副经理、财务负责人及其报酬事项;

(十)制定公司的基本管理制度;

(十一)公司章程规定的其他职权。

第四十八条 董事会会议由董事长召集和主持;董事长不能履行职务或者不履行职务的,由副董事长召集和主持;副董事长不能履行职务或者不履行职务的,由半数以上董事共同推举一名董事召集和主持。

第四十九条 董事会的议事方式和表决程序,除本法有规定的外,由公司章程规定。

董事会应当对所议事项的决定作成会议记录,出席会议的董事应当在会议记录上签名。

董事会决议的表决,实行一人一票。

第五十条 有限责任公司可以设经理,由董事会决定聘任或者解聘。经理对董事会负责,行使下列职权:

(一)主持公司的生产经营管理工作,组织实施董事会决议;

(二)组织实施公司年度经营计划和投资方案;

(三)拟订公司内部管理机构设置方案;

(四)拟订公司的基本管理制度;

(五)制定公司的具体规章;

(六)提请聘任或者解聘公司副经理、财务负责人;

(七)决定聘任或者解聘除应由董事会决定聘任或者解聘以外的负责管理人员;

(八)董事会授予的其他职权。

公司章程对经理职权另有规定的,从其规定。

经理列席董事会会议。

第五十一条 股东人数较少或者规模较小的有限责任公司,可以设一名执行董事,不设董事会。执行董事可以兼任公司经理。

执行董事的职权由公司章程规定。

第五十二条 有限责任公司设监事会，其成员不得少于三人。股东人数较少或者规模较小的有限责任公司，可以设一至二名监事，不设监事会。

监事会应当包括股东代表和适当比例的公司职工代表，其中职工代表的比例不得低于三分之一，具体比例由公司章程规定。监事会中的职工代表由公司职工通过职工代表大会、职工大会或者其他形式民主选举产生。

监事会设主席一人，由全体监事过半数选举产生。监事会主席召集和主持监事会会议；监事会主席不能履行职务或者不履行职务的，由半数以上监事共同推举一名监事召集和主持监事会会议。

董事、高级管理人员不得兼任监事。

第五十三条 监事的任期每届为三年。监事任期届满，连选可以连任。

监事任期届满未及时改选，或者监事在任期内辞职导致监事会成员低于法定人数的，在改选出的监事就任前，原监事仍应当依照法律、行政法规和公司章程的规定，履行监事职务。

第五十四条 监事会、不设监事会的公司的监事行使下列职权：

(一)检查公司财务；

(二)对董事、高级管理人员执行公司职务的行为进行监督，对违反法律、行政法规、公司章程或者股东会决议的董事、高级管理人员提出罢免的建议；

(三)当董事、高级管理人员的行为损害公司的利益时，要求董事、高级管理人员予以纠正；

(四)提议召开临时股东会会议，在董事会不履行本法规定的召集和主持股东会会议职责时召集和主持股东会会议；

(五)向股东会会议提出提案；

(六)依照本法第一百五十二条的规定，对董事、高级管理人员提起诉讼；

(七)公司章程规定的其他职权。

第五十五条 监事可以列席董事会会议，并对董事会决议事项提出质询或者建议。

监事会、不设监事会的公司的监事发现公司经营情况异常，可以进行调查；必要时，可以聘请会计师事务所等协助其工作，费用由公司承担。

第五十六条 监事会每年度至少召开一次会议，监事可以提议召开临时监事会会议。

监事会的议事方式和表决程序，除本法有规定的外，由公司章程规定。

监事会决议应当经半数以上监事通过。

监事会应当对所议事项的决定作成会议记录，出席会议的监事应当在会议记录上签名。

第五十七条 监事会、不设监事会的公司的监事行使职权所必需的费用，由公司承担。

第三节　一人有限责任公司的特别规定

第五十八条　一人有限责任公司的设立和组织机构，适用本节规定；本节没有规定的，适用本章第一节、第二节的规定。

本法所称一人有限责任公司，是指只有一个自然人股东或者一个法人股东的有限责任公司。

第五十九条　一人有限责任公司的注册资本最低限额为人民币十万元。股东应当一次足额缴纳公司章程规定的出资额。

一个自然人只能投资设立一个一人有限责任公司。该一人有限责任公司不能投资设立新的一人有限责任公司。

第六十条　一人有限责任公司应当在公司登记中注明自然人独资或者法人独资，并在公司营业执照中载明。

第六十一条　一人有限责任公司章程由股东制定。

第六十二条　一人有限责任公司不设股东会。股东作出本法第三十八条第一款所列决定时，应当采用书面形式，并由股东签名后置备于公司。

第六十三条　一人有限责任公司应当在每一会计年度终了时编制财务会计报告，并经会计师事务所审计。

第六十四条　一人有限责任公司的股东不能证明公司财产独立于股东自己的财产的，应当对公司债务承担连带责任。

第四节　国有独资公司的特别规定

第六十五条　国有独资公司的设立和组织机构，适用本节规定；本节没有规定的，适用本章第一节、第二节的规定。

本法所称国有独资公司，是指国家单独出资、由国务院或者地方人民政府授权本级人民政府国有资产监督管理机构履行出资人职责的有限责任公司。

第六十六条　国有独资公司章程由国有资产监督管理机构制定，或者由董事会制订报国有资产监督管理机构批准。

第六十七条　国有独资公司不设股东会，由国有资产监督管理机构行使股东会职权。国有资产监督管理机构可以授权公司董事会行使股东会的部分职权，决定公司的重大事项，但公司的合并、分立、解散、增加或者减少注册资本和发行公司债券，必须由国有资产监督管理机构决定；其中，重要的国有独资公司合并、分立、解散、申请破产的，应当由国有资产监督管理机构审核后，报本级人民政府批准。

前款所称重要的国有独资公司，按照国务院的规定确定。

第六十八条　国有独资公司设董事会，依照本法第四十七条、第六十七条的规定行使职权。董事每届任期不得超过三年。董事会成员中应当有公司职工代表。

董事会成员由国有资产监督管理机构委派；但是，董事会成员中的职工代表由公司职工代表大会选举产生。

董事会设董事长一人，可以设副董事长。董事长、副董事长由国有资产监督管理机构从董事会成员中指定。

第六十九条 国有独资公司设经理，由董事会聘任或者解聘。经理依照本法第五十条规定行使职权。

经国有资产监督管理机构同意，董事会成员可以兼任经理。

第七十条 国有独资公司的董事长、副董事长、董事、高级管理人员，未经国有资产监督管理机构同意，不得在其他有限责任公司、股份有限公司或者其他经济组织兼职。

第七十一条 国有独资公司监事会成员不得少于五人，其中职工代表的比例不得低于三分之一，具体比例由公司章程规定。

监事会成员由国有资产监督管理机构委派；但是，监事会成员中的职工代表由公司职工代表大会选举产生。监事会主席由国有资产监督管理机构从监事会成员中指定。

监事会行使本法第五十四条第(一)项至第(三)项规定的职权和国务院规定的其他职权。

第三章 有限责任公司的股权转让

第七十二条 有限责任公司的股东之间可以相互转让其全部或者部分股权。

股东向股东以外的人转让股权，应当经其他股东过半数同意。股东应就其股权转让事项书面通知其他股东征求同意，其他股东自接到书面通知之日起满二十日未答复的，视为同意转让。其他股东半数以上不同意转让的，不同意的股东应当购买该转让的股权；不购买的，视为同意转让。

经股东同意转让的股权，在同等条件下，其他股东有优先购买权。两个以上股东主张行使优先购买权的，协商确定各自的购买比例；协商不成的，按照转让时各自的出资比例行使优先购买权。

公司章程对股权转让另有规定的，从其规定。

第七十三条 人民法院依照法律规定的强制执行程序转让股东的股权时，应当通知公司及全体股东，其他股东在同等条件下有优先购买权。其他股东自人民法院通知之日起满二十日不行使优先购买权的，视为放弃优先购买权。

第七十四条 依照本法第七十二条、第七十三条转让股权后，公司应当注销原股东的出资证明书，向新股东签发出资证明书，并相应修改公司章程和股东名册中有关股东及其出资额的记载。对公司章程的该项修改不需再由股东会表决。

第七十五条 有下列情形之一的，对股东会该项决议投反对票的股东可以请求公司按照合理的价格收购其股权：

(一)公司连续五年不向股东分配利润，而公司该五年连续盈利，并且符合本法规定的分配利润条件的；

(二)公司合并、分立、转让主要财产的；

(三)公司章程规定的营业期限届满或者章程规定的其他解散事由出现，股东会会议通过决议修改章程使公司存续的。

自股东会会议决议通过之日起六十日内，股东与公司不能达成股权收购协议的，股东可以自股东会会议决议通过之日起九十日内向人民法院提起诉讼。

第七十六条 自然人股东死亡后，其合法继承人可以继承股东资格；但是，公司章程另有规定的除外。

第四章 股份有限公司的设立和组织机构

第一节 设 立

第七十七条 设立股份有限公司，应当具备下列条件：

（一）发起人符合法定人数；

（二）发起人认购和募集的股本达到法定资本最低限额；

（三）股份发行、筹办事项符合法律规定；

（四）发起人制定公司章程，采用募集方式设立的经创立大会通过；

（五）有公司名称，建立符合股份有限公司要求的组织机构；

（六）有公司住所。

第七十八条 股份有限公司的设立，可以采取发起设立或者募集设立的方式。

发起设立，是指由发起人认购公司应发行的全部股份而设立公司。

募集设立，是指由发起人认购公司应发行股份的一部分，其余股份向社会公开募集或者向特定对象募集而设立公司。

第七十九条 设立股份有限公司，应当有二人以上二百人以下为发起人，其中须有半数以上的发起人在中国境内有住所。

第八十条 股份有限公司发起人承担公司筹办事务。

发起人应当签订发起人协议，明确各自在公司设立过程中的权利和义务。

第八十一条 股份有限公司采取发起设立方式设立的，注册资本为在公司登记机关登记的全体发起人认购的股本总额。公司全体发起人的首次出资额不得低于注册资本的百分之二十，其余部分由发起人自公司成立之日起两年内缴足；其中，投资公司可以在五年内缴足。在缴足前，不得向他人募集股份。

股份有限公司采取募集方式设立的，注册资本为在公司登记机关登记的实收股本总额。

股份有限公司注册资本的最低限额为人民币五百万元。法律、行政法规对股份有限公司注册资本的最低限额有较高规定的，从其规定。

第八十二条 股份有限公司章程应当载明下列事项：

（一）公司名称和住所；

（二）公司经营范围；

（三）公司设立方式；

（四）公司股份总数、每股金额和注册资本；

（五）发起人的姓名或者名称、认购的股份数、出资方式和出资时间；

（六）董事会的组成、职权和议事规则；

（七）公司法定代表人；

（八）监事会的组成、职权和议事规则；

（九）公司利润分配办法；

（十）公司的解散事由与清算办法；

（十一）公司的通知和公告办法；

（十二）股东大会会议认为需要规定的其他事项。

第八十三条 发起人的出资方式，适用本法第二十七条的规定。

第八十四条 以发起设立方式设立股份有限公司的，发起人应当书面认足公司章程规定其认购的股份；一次缴纳的，应即缴纳全部出资；分期缴纳的，应即缴纳首期出资。以非货币财产出资的，应当依法办理其财产权的转移手续。

发起人不依照前款规定缴纳出资的，应当按照发起人协议承担违约责任。

发起人首次缴纳出资后，应当选举董事会和监事会，由董事会向公司登记机关报送公司章程、由依法设定的验资机构出具的验资证明以及法律、行政法规规定的其他文件，申请设立登记。

第八十五条 以募集设立方式设立股份有限公司的，发起人认购的股份不得少于公司股份总数的百分之三十五；但是，法律、行政法规另有规定的，从其规定。

第八十六条 发起人向社会公开募集股份，必须公告招股说明书，并制作认股书。认股书应当载明本法第八十七条所列事项，由认股人填写认购股数、金额、住所，并签名、盖章。认股人按照所认购股数缴纳股款。

第八十七条 招股说明书应当附有发起人制定的公司章程，并载明下列事项：

（一）发起人认购的股份数；

（二）每股的票面金额和发行价格；

（三）无记名股票的发行总数；

（四）募集资金的用途；

（五）认股人的权利、义务；

（六）本次募股的起止期限及逾期未募足时认股人可以撤回所认股份的说明。

第八十八条 发起人向社会公开募集股份，应当由依法设立的证券公司承销，签订承销协议。

第八十九条 发起人向社会公开募集股份，应当同银行签订代收股款协议。

代收股款的银行应当按照协议代收和保存股款，向缴纳股款的认股人出具收款单据，并负有向有关部门出具收款证明的义务。

第九十条 发行股份的股款缴足后，必须经依法设立的验资机构验资并出具证明。发起人应当自股款缴足之日起三十日内主持召开公司创立大会。创立大会由发起人、认股人组成。

发行的股份超过招股说明书规定的截止期限尚未募足的，或者发行股份的股款缴足后，发起人在三十日内未召开创立大会的，认股人可以按照所缴股款并加算银行同期存款利息，要求发起人返还。

第九十一条 发起人应当在创立大会召开十五日前将会议日期通知各认股人或者予以公告。创立大会应有代表股份总数过半数的发起人、认股人出席，方可举行。

创立大会行使下列职权：

(一)审议发起人关于公司筹办情况的报告；

(二)通过公司章程；

(三)选举董事会成员；

(四)选举监事会成员；

(五)对公司的设立费用进行审核；

(六)对发起人用于抵作股款的财产的作价进行审核；

(七)发生不可抗力或者经营条件发生重大变化直接影响公司设立的，可以做出不设立公司的决议。

创立大会对前款所列事项做出决议，必须经出席会议的认股人所持表决权过半数通过。

第九十二条 发起人、认股人缴纳股款或者交付抵作股款的出资后，除未按期募足股份、发起人未按期召开创立大会或者创立大会决议不设立公司的情形外，不得抽回其股本。

第九十三条 董事会应于创立大会结束后三十日内，向公司登记机关报送下列文件，申请设立登记：

(一)公司登记申请书；

(二)创立大会的会议记录；

(三)公司章程；

(四)验资证明；

(五)法定代表人、董事、监事的任职文件及其身份证明；

(六)发起人的法人资格证明或者自然人身份证明；

(七)公司住所证明。

以募集方式设立股份有限公司公开发行股票的，还应当向公司登记机关报送国务院证券监督管理机构的核准文件。

第九十四条 股份有限公司成立后，发起人未按照公司章程的规定缴足出资的，应当补缴；其他发起人承担连带责任。

股份有限公司成立后，发现作为设立公司出资的非货币财产的实际价额显著低于公司章程所定价额的，应当由交付该出资的发起人补足其差额；其他发起人承担连带责任。

第九十五条 股份有限公司的发起人应当承担下列责任：

(一)公司不能成立时，对设立行为所产生的债务和费用负连带责任；

（二）公司不能成立时，对认股人已缴纳的股款，负返还股款并加算银行同期存款利息的连带责任；

（三）在公司设立过程中，由于发起人的过失致使公司利益受到损害的，应当对公司承担赔偿责任。

第九十六条　有限责任公司变更为股份有限公司时，折合的实收股本总额不得高于公司净资产额。有限责任公司变更为股份有限公司，为增加资本公开发行股份时，应当依法办理。

第九十七条　股份有限公司应当将公司章程、股东名册、公司债券存根、股东大会会议记录、董事会会议记录、监事会会议记录、财务会计报告置备于本公司。

第九十八条　股东有权查阅公司章程、股东名册、公司债券存根、股东大会会议记录、董事会会议决议、监事会会议决议、财务会计报告，对公司的经营提出建议或者质询。

第二节　股东大会

第九十九条　股份有限公司股东大会由全体股东组成。股东大会是公司的权力机构，依照本法行使职权。

第一百条　本法第三十八条第一款关于有限责任公司股东会职权的规定，适用于股份有限公司股东大会。

第一百零一条　股东大会应当每年召开一次年会。有下列情形之一的，应当在两个月内召开临时股东大会：

（一）董事人数不足本法规定人数或者公司章程所定人数的三分之二时；

（二）公司未弥补的亏损达实收股本总额三分之一时；

（三）单独或者合计持有公司百分之十以上股份的股东请求时；

（四）董事会认为必要时；

（五）监事会提议召开时；

（六）公司章程规定的其他情形。

第一百零二条　股东大会会议由董事会召集，董事长主持；董事长不能履行职务或者不履行职务的，由副董事长主持；副董事长不能履行职务或者不履行职务的，由半数以上董事共同推举一名董事主持。

董事会不能履行或者不履行召集股东大会会议职责的，监事会应当及时召集和主持；监事会不召集和主持的，连续九十日以上单独或者合计持有公司百分之十以上股份的股东可以自行召集和主持。

第一百零三条　召开股东大会会议，应当将会议召开的时间、地点和审议的事项于会议召开二十日前通知各股东；临时股东大会应当于会议召开十五日前通知各股东；发行无记名股票的，应当于会议召开三十日前公告会议召开的时间、地点和审议事项。

单独或者合计持有公司百分之三以上股份的股东，可以在股东大会召开十日前提出临时提案并书面提交董事会；董事会应当在收到提案后二日内通知其他股东，并将该临时提案提交股东大会审议。临时提案的内容应当属于股东大会职权范围，并有明确议题和具体决议事项。

股东大会不得对前两款通知中未列明的事项作出决议。

无记名股票持有人出席股东大会会议的，应当于会议召开五日前至股东大会闭会时将股票交存于公司。

第一百零四条 股东出席股东大会会议，所持每一股份有一表决权。但是，公司持有的本公司股份没有表决权。

股东大会作出决议，必须经出席会议的股东所持表决权过半数通过。但是，股东大会作出修改公司章程、增加或者减少注册资本的决议，以及公司合并、分立、解散或者变更公司形式的决议，必须经出席会议的股东所持表决权的三分之二以上通过。

第一百零五条 本法和公司章程规定公司转让、受让重大资产或者对外提供担保等事项必须经股东大会作出决议的，董事会应当及时召集股东大会会议，由股东大会就上述事项进行表决。

第一百零六条 股东大会选举董事、监事，可以依照公司章程的规定或者股东大会的决议，实行累积投票制。

本法所称累积投票制，是指股东大会选举董事或者监事时，每一股份拥有与应选董事或者监事人数相同的表决权，股东拥有的表决权可以集中使用。

第一百零七条 股东可以委托代理人出席股东大会会议，代理人应当向公司提交股东授权委托书，并在授权范围内行使表决权。

第一百零八条 股东大会应当对所议事项的决定作成会议记录，主持人、出席会议的董事应当在会议记录上签名。会议记录应当与出席股东的签名册及代理出席的委托书一并保存。

第三节　董事会、经理

第一百零九条 股份有限公司设董事会，其成员为五人至十九人。

董事会成员中可以有公司职工代表。董事会中的职工代表由公司职工通过职工代表大会、职工大会或者其他形式民主选举产生。

本法第四十六条关于有限责任公司董事任期的规定，适用于股份有限公司董事。

本法第四十七条关于有限责任公司董事会职权的规定，适用于股份有限公司董事会。

第一百一十条 董事会设董事长一人，可以设副董事长。董事长和副董事长由董事会以全体董事的过半数选举产生。

董事长召集和主持董事会会议，检查董事会决议的实施情况。副董事长协助董事长工作，董事长不能履行职务或者不履行职务的，由副董事长履行职务；副董事长不能履行职务或者不履行职务的，由半数以上董事共同推举一名董事履行职务。

第一百一十一条 董事会每年度至少召开两次会议，每次会议应当于会议召开十日前通知全体董事和监事。

代表十分之一以上表决权的股东、三分之一以上董事或者监事会，可以提议召开董事会临时会议。董事长应当自接到提议后十日内，召集和主持董事会会议。

董事会召开临时会议，可以另定召集董事会的通知方式和通知时限。

第一百一十二条 董事会会议应有过半数的董事出席方可举行。董事会作出决议，必须经全体董事的过半数通过。

董事会决议的表决，实行一人一票。

第一百一十三条 董事会会议，应由董事本人出席；董事因故不能出席，可以书面委托其他董事代为出席，委托书中应载明授权范围。

董事会应当对会议所议事项的决定作成会议记录，出席会议的董事应当在会议记录上签名。

董事应当对董事会的决议承担责任。董事会的决议违反法律、行政法规或者公司章程、股东大会决议，致使公司遭受严重损失的，参与决议的董事对公司负赔偿责任。但经证明在表决时曾表明异议并记载于会议记录的，该董事可以免除责任。

第一百一十四条 股份有限公司设经理，由董事会决定聘任或者解聘。

本法第五十条关于有限责任公司经理职权的规定，适用于股份有限公司经理。

第一百一十五条 公司董事会可以决定由董事会成员兼任经理。

第一百一十六条 公司不得直接或者通过子公司向董事、监事、高级管理人员提供借款。

第一百一十七条 公司应当定期向股东披露董事、监事、高级管理人员从公司获得报酬的情况。

第四节 监事会

第一百一十八条 股份有限公司设监事会，其成员不得少于三人。

监事会应当包括股东代表和适当比例的公司职工代表，其中职工代表的比例不得低于三分之一，具体比例由公司章程规定。监事会中的职工代表由公司职工通过职工代表大会、职工大会或者其他形式民主选举产生。

监事会设主席一人，可以设副主席。监事会主席和副主席由全体监事过半数选举产生。监事会主席召集和主持监事会会议；监事会主席不能履行职务或者不履行职务的，由监事会副主席召集和主持监事会会议；监事会副主席不能履行职务或者不履行职务的，由半数以上监事共同推举一名监事召集和主持监事会会议。

董事、高级管理人员不得兼任监事。

本法第五十三条关于有限责任公司监事任期的规定，适用于股份有限公司监事。

第一百一十九条 本法第五十四条、第五十五条关于有限责任公司监事会职权的规定，适用于股份有限公司监事会。

监事会行使职权所必需的费用，由公司承担。

第一百二十条 监事会每六个月至少召开一次会议。监事可以提议召开临时监事会会议。

监事会的议事方式和表决程序，除本法有规定的外，由公司章程规定。

监事会决议应当经半数以上监事通过。

监事会应当对所议事项的决定作成会议记录，出席会议的监事应当在会议记录上签名。

第五节　上市公司组织机构的特别规定

第一百二十一条　本法所称上市公司，是指其股票在证券交易所上市交易的股份有限公司。

第一百二十二条　上市公司在一年内购买、出售重大资产或者担保金额超过公司资产总额百分之三十的，应当由股东大会做出决议，并经出席会议的股东所持表决权的三分之二以上通过。

第一百二十三条　上市公司设立独立董事，具体办法由国务院规定。

第一百二十四条　上市公司设董事会秘书，负责公司股东大会和董事会会议的筹备、文件保管以及公司股东资料的管理，办理信息披露事务等事宜。

第一百二十五条　上市公司董事与董事会会议决议事项所涉及的企业有关联关系的，不得对该项决议行使表决权，也不得代理其他董事行使表决权。该董事会会议由过半数的无关联关系董事出席即可举行，董事会会议所做决议须经无关联关系董事过半数通过。出席董事会的无关联关系董事人数不足三人的，应将该事项提交上市公司股东大会审议。

第五章　股份有限公司的股份发行和转让

第一节　股份发行

第一百二十六条　股份有限公司的资本划分为股份，每一股的金额相等。

公司的股份采取股票的形式。股票是公司签发的证明股东所持股份的凭证。

第一百二十七条　股份的发行，实行公平、公正的原则，同种类的每一股份应当具有同等权利。

同次发行的同种类股票，每股的发行条件和价格应当相同；任何单位或者个人所认购的股份，每股应当支付相同价额。

第一百二十八条　股票发行价格可以按票面金额，也可以超过票面金额，但不得低于票面金额。

第一百二十九条　股票采用纸面形式或者国务院证券监督管理机构规定的其他形式。

股票应当载明下列主要事项：

(一)公司名称；

(二)公司成立日期；

(三)股票种类、票面金额及代表的股份数；

(四)股票的编号。

股票由法定代表人签名，公司盖章。

发起人的股票，应当标明发起人股票字样。

第一百三十条　公司发行的股票，可以为记名股票，也可以为无记名股票。

公司向发起人、法人发行的股票，应当为记名股票，并应当记载该发起人、法人的名称或者姓名，不得另立户名或者以代表人姓名记名。

第一百三十一条　公司发行记名股票的，应当置备股东名册，记载下列事项：

(一)股东的姓名或者名称及住所；

(二)各股东所持股份数；

(三)各股东所持股票的编号；

(四)各股东取得股份的日期。

发行无记名股票的，公司应当记载其股票数量、编号及发行日期。

第一百三十二条　国务院可以对公司发行本法规定以外的其他种类的股份，另行作出规定。

第一百三十三条　股份有限公司成立后，即向股东正式交付股票。公司成立前不得向股东交付股票。

第一百三十四条　公司发行新股，股东大会应当对下列事项作出决议：

(一)新股种类及数额；

(二)新股发行价格；

(三)新股发行的起止日期；

(四)向原有股东发行新股的种类及数额。

第一百三十五条　公司经国务院证券监督管理机构核准公开发行新股时，必须公告新股招股说明书和财务会计报告，并制作认股书。

本法第八十八条、第八十九条的规定适用于公司公开发行新股。

第一百三十六条　公司发行新股，可以根据公司经营情况和财务状况，确定其作价方案。

第一百三十七条　公司发行新股募足股款后，必须向公司登记机关办理变更登记，并公告。

第二节　股份转让

第一百三十八条　股东持有的股份可以依法转让。

第一百三十九条　股东转让其股份，应当在依法设立的证券交易场所进行或者按照国务院规定的其他方式进行。

第一百四十条　记名股票，由股东以背书方式或者法律、行政法规规定的其他方式转让；转让后由公司将受让人的姓名或者名称及住所记载于股东名册。

股东大会召开前二十日内或者公司决定分配股利的基准日前五日内，不得进行前款规定的股东名册的变更登记。但是，法律对上市公司股东名册变更登记另有规定的，从其规定。

第一百四十一条 无记名股票的转让，由股东将该股票交付给受让人后即发生转让的效力。

第一百四十二条 发起人持有的本公司股份，自公司成立之日起一年内不得转让。公司公开发行股份前已发行的股份，自公司股票在证券交易所上市交易之日起一年内不得转让。

公司董事、监事、高级管理人员应当向公司申报所持有的本公司的股份及其变动情况，在任职期间每年转让的股份不得超过其所持有本公司股份总数的百分之二十五；所持本公司股份自公司股票上市交易之日起一年内不得转让。上述人员离职后半年内，不得转让其所持有的本公司股份。公司章程可以对公司董事、监事、高级管理人员转让其所持有的本公司股份作出其他限制性规定。

第一百四十三条 公司不得收购本公司股份。但是，有下列情形之一的除外：

(一)减少公司注册资本；

(二)与持有本公司股份的其他公司合并；

(三)将股份奖励给本公司职工；

(四)股东因对股东大会作出的公司合并、分立决议持异议，要求公司收购其股份的。

公司因前款第(一)项至第(三)项的原因收购本公司股份的，应当经股东大会决议。公司依照前款规定收购本公司股份后，属于第(一)项情形的，应当自收购之日起十日内注销；属于第(二)项、第(四)项情形的，应当在六个月内转让或者注销。

公司依照第一款第(三)项规定收购的本公司股份，不得超过本公司已发行股份总额的百分之五；用于收购的资金应当从公司的税后利润中支出；所收购的股份应当在一年内转让给职工。

公司不得接受本公司的股票作为质押权的标的。

第一百四十四条 记名股票被盗、遗失或者灭失，股东可以依照《中华人民共和国民事诉讼法》规定的公示催告程序，请求人民法院宣告该股票失效。人民法院宣告该股票失效后，股东可以向公司申请补发股票。

第一百四十五条 上市公司的股票，依照有关法律、行政法规及证券交易所交易规则上市交易。

第一百四十六条 上市公司必须依照法律、行政法规的规定，公开其财务状况、经营情况及重大诉讼，在每会计年度内半年公布一次财务会计报告。

第六章 公司董事、监事、高级管理人员的资格和义务

第一百四十七条 有下列情形之一的，不得担任公司的董事、监事、高级管理人员：

(一)无民事行为能力或者限制民事行为能力；

(二)因贪污、贿赂、侵占财产、挪用财产或者破坏社会主义市场经济秩序，被判处刑罚，执行期满未逾五年，或者因犯罪被剥夺政治权利，执行期满未逾五年；

（三）担任破产清算的公司、企业的董事或者厂长、经理，对该公司、企业的破产负有个人责任的，自该公司、企业破产清算完结之日起未逾三年；

（四）担任因违法被吊销营业执照、责令关闭的公司、企业的法定代表人，并负有个人责任的，自该公司、企业被吊销营业执照之日起未逾三年；

（五）个人所负数额较大的债务到期未清偿。

公司违反前款规定选举、委派董事、监事或者聘任高级管理人员的，该选举、委派或者聘任无效。

董事、监事、高级管理人员在任职期间出现本条第一款所列情形的，公司应当解除其职务。

第一百四十八条　董事、监事、高级管理人员应当遵守法律、行政法规和公司章程，对公司负有忠实义务和勤勉义务。

董事、监事、高级管理人员不得利用职权收受贿赂或者其他非法收入，不得侵占公司的财产。

第一百四十九条　董事、高级管理人员不得有下列行为：

（一）挪用公司资金；

（二）将公司资金以其个人名义或者以其他个人名义开立账户存储；

（三）违反公司章程的规定，未经股东会、股东大会或者董事会同意，将公司资金借贷给他人或者以公司财产为他人提供担保；

（四）违反公司章程的规定或者未经股东会、股东大会同意，与本公司订立合同或者进行交易；

（五）未经股东会或者股东大会同意，利用职务便利为自己或者他人谋取属于公司的商业机会，自营或者为他人经营与所任职公司同类的业务；

（六）接受他人与公司交易的佣金归为己有；

（七）擅自披露公司秘密；

（八）违反对公司忠实义务的其他行为。

董事、高级管理人员违反前款规定所得的收入应当归公司所有。

第一百五十条　董事、监事、高级管理人员执行公司职务时违反法律、行政法规或者公司章程的规定，给公司造成损失的，应当承担赔偿责任。

第一百五十一条　股东会或者股东大会要求董事、监事、高级管理人员列席会议的，董事、监事、高级管理人员应当列席并接受股东的质询。

董事、高级管理人员应当如实向监事会或者不设监事会的有限责任公司的监事提供有关情况和资料，不得妨碍监事会或者监事行使职权。

第一百五十二条　董事、高级管理人员有本法第一百五十条规定的情形的，有限责任公司的股东、股份有限公司连续一百八十日以上单独或者合计持有公司百分之一以上股份的股东，可以书面请求监事会或者不设监事会的有限责任公司的监事向人民法院提起诉讼；监事有本法第一百五十条规定的情形的，前述股东可以书面请求董事会或者不设董事会的有限责任公司的执行董事向人民法院提起诉讼。

监事会、不设监事会的有限责任公司的监事，或者董事会、执行董事收到前款规定的股东书面请求后拒绝提起诉讼，或者自收到请求之日起三十日内未提起诉讼，或者情况紧急、不立即提起诉讼将会使公司利益受到难以弥补的损害的，前款规定的股东有权为了公司的利益以自己的名义直接向人民法院提起诉讼。

他人侵犯公司合法权益，给公司造成损失的，本条第一款规定的股东可以依照前两款的规定向人民法院提起诉讼。

第一百五十三条 董事、高级管理人员违反法律、行政法规或者公司章程的规定，损害股东利益的，股东可以向人民法院提起诉讼。

第七章 公司债券

第一百五十四条 本法所称公司债券，是指公司依照法定程序发行、约定在一定期限还本付息的有价证券。

公司发行公司债券应当符合《中华人民共和国证券法》规定的发行条件。

第一百五十五条 发行公司债券的申请经国务院授权的部门核准后，应当公告公司债券募集办法。

公司债券募集办法中应当载明下列主要事项：

(一)公司名称；

(二)债券募集资金的用途；

(三)债券总额和债券的票面金额；

(四)债券利率的确定方式；

(五)还本付息的期限和方式；

(六)债券担保情况；

(七)债券的发行价格、发行的起止日期；

(八)公司净资产额；

(九)已发行的尚未到期的公司债券总额；

(十)公司债券的承销机构。

第一百五十六条 公司以实物券方式发行公司债券的，必须在债券上载明公司名称、债券票面金额、利率、偿还期限等事项，并由法定代表人签名，公司盖章。

第一百五十七条 公司债券，可以为记名债券，也可以为无记名债券。

第一百五十八条 公司发行公司债券应当置备公司债券存根簿。

发行记名公司债券的，应当在公司债券存根簿上载明下列事项：

(一)债券持有人的姓名或者名称及住所；

(二)债券持有人取得债券的日期及债券的编号；

(三)债券总额，债券的票面金额、利率、还本付息的期限和方式；

(四)债券的发行日期。

发行无记名公司债券的，应当在公司债券存根簿上载明债券总额、利率、偿还期限和方式、发行日期及债券的编号。

第一百五十九条　记名公司债券的登记结算机构应当建立债券登记、存管、付息、兑付等相关制度。

第一百六十条　公司债券可以转让，转让价格由转让人与受让人约定。

公司债券在证券交易所上市交易的，按照证券交易所的交易规则转让。

第一百六十一条　记名公司债券，由债券持有人以背书方式或者法律、行政法规规定的其他方式转让；转让后由公司将受让人的姓名或者名称及住所记载于公司债券存根簿。

无记名公司债券的转让，由债券持有人将该债券交付给受让人后即发生转让的效力。

第一百六十二条　上市公司经股东大会决议可以发行可转换为股票的公司债券，并在公司债券募集办法中规定具体的转换办法。上市公司发行可转换为股票的公司债券，应当报国务院证券监督管理机构核准。

发行可转换为股票的公司债券，应当在债券上标明可转换公司债券字样，并在公司债券存根簿上载明可转换公司债券的数额。

第一百六十三条　发行可转换为股票的公司债券的，公司应当按照其转换办法向债券持有人换发股票，但债券持有人对转换股票或者不转换股票有选择权。

第八章　公司财务、会计

第一百六十四条　公司应当依照法律、行政法规和国务院财政部门的规定建立本公司的财务、会计制度。

第一百六十五条　公司应当在每一会计年度终了时编制财务会计报告，并依法经会计师事务所审计。

财务会计报告应当依照法律、行政法规和国务院财政部门的规定制作。

第一百六十六条　有限责任公司应当依照公司章程规定的期限将财务会计报告送交各股东。

股份有限公司的财务会计报告应当在召开股东大会年会的二十日前置备于本公司，供股东查阅；公开发行股票的股份有限公司必须公告其财务会计报告。

第一百六十七条　公司分配当年税后利润时，应当提取利润的百分之十列入公司法定公积金。公司法定公积金累计额为公司注册资本的百分之五十以上的，可以不再提取。

公司的法定公积金不足以弥补以前年度亏损的，在依照前款规定提取法定公积金之前，应当先用当年利润弥补亏损。

公司从税后利润中提取法定公积金后，经股东会或者股东大会决议，还可以从税后利润中提取任意公积金。

公司弥补亏损和提取公积金后所余税后利润，有限责任公司依照本法第三十五条的规定分配；股份有限公司按照股东持有的股份比例分配，但股份有限公司章程规定不按持股比例分配的除外。

股东会、股东大会或者董事会违反前款规定，在公司弥补亏损和提取法定公积金之前向股东分配利润的，股东必须将违反规定分配的利润退还公司。

公司持有的本公司股份不得分配利润。

第一百六十八条 股份有限公司以超过股票票面金额的发行价格发行股份所得的溢价款以及国务院财政部门规定列入资本公积金的其他收入，应当列为公司资本公积金。

第一百六十九条 公司的公积金用于弥补公司的亏损、扩大公司生产经营或者转为增加公司资本。但是，资本公积金不得用于弥补公司的亏损。

法定公积金转为资本时，所留存的该项公积金不得少于转增前公司注册资本的百分之二十五。

第一百七十条 公司聘用、解聘承办公司审计业务的会计师事务所，依照公司章程的规定，由股东会、股东大会或者董事会决定。

公司股东会、股东大会或者董事会就解聘会计师事务所进行表决时，应当允许会计师事务所陈述意见。

第一百七十一条 公司应当向聘用的会计师事务所提供真实、完整的会计凭证、会计账簿、财务会计报告及其他会计资料，不得拒绝、隐匿、谎报。

第一百七十二条 公司除法定的会计账簿外，不得另立会计账簿。

对公司资产，不得以任何个人名义开立账户存储。

第九章 公司合并、分立、增资、减资

第一百七十三条 公司合并可以采取吸收合并或者新设合并。

一个公司吸收其他公司为吸收合并，被吸收的公司解散。两个以上公司合并设立一个新的公司为新设合并，合并各方解散。

第一百七十四条 公司合并，应当由合并各方签订合并协议，并编制资产负债表及财产清单。公司应当自做出合并决议之日起十日内通知债权人，并于三十日内在报纸上公告。债权人自接到通知书之日起三十日内，未接到通知书的自公告之日起四十五日内，可以要求公司清偿债务或者提供相应的担保。

第一百七十五条 公司合并时，合并各方的债权、债务，应当由合并后存续的公司或者新设的公司承继。

第一百七十六条 公司分立，其财产作相应的分割。

公司分立，应当编制资产负债表及财产清单。公司应当自做出分立决议之日起十日内通知债权人，并于三十日内在报纸上公告。

第一百七十七条 公司分立前的债务由分立后的公司承担连带责任。但是，公司在分立前与债权人就债务清偿达成的书面协议另有约定的除外。

第一百七十八条 公司需要减少注册资本时，必须编制资产负债表及财产清单。

公司应当自做出减少注册资本决议之日起十日内通知债权人，并于三十日内在

报纸上公告。债权人自接到通知书之日起三十日内，未接到通知书的自公告之日起四十五日内，有权要求公司清偿债务或者提供相应的担保。

公司减资后的注册资本不得低于法定的最低限额。

第一百七十九条 有限责任公司增加注册资本时，股东认缴新增资本的出资，依照本法设立有限责任公司缴纳出资的有关规定执行。

股份有限公司为增加注册资本发行新股时，股东认购新股，依照本法设立股份有限公司缴纳股款的有关规定执行。

第一百八十条 公司合并或者分立，登记事项发生变更的，应当依法向公司登记机关办理变更登记；公司解散的，应当依法办理公司注销登记；设立新公司的，应当依法办理公司设立登记。

公司增加或者减少注册资本，应当依法向公司登记机关办理变更登记。

第十章 公司解散和清算

第一百八十一条 公司因下列原因解散：

(一)公司章程规定的营业期限届满或者公司章程规定的其他解散事由出现；

(二)股东会或者股东大会决议解散；

(三)因公司合并或者分立需要解散；

(四)依法被吊销营业执照、责令关闭或者被撤销；

(五)人民法院依照本法第一百八十三条的规定予以解散。

第一百八十二条 公司有本法第一百八十一条第(一)项情形的，可以通过修改公司章程而存续。

依照前款规定修改公司章程，有限责任公司须经持有三分之二以上表决权的股东通过，股份有限公司须经出席股东大会会议的股东所持表决权的三分之二以上通过。

第一百八十三条 公司经营管理发生严重困难，继续存续会使股东利益受到重大损失，通过其他途径不能解决的，持有公司全部股东表决权百分之十以上的股东，可以请求人民法院解散公司。

第一百八十四条 公司因本法第一百八十一条第(一)项、第(二)项、第(四)项、第(五)项规定而解散的，应当在解散事由出现之日起十五日内成立清算组，开始清算。有限责任公司的清算组由股东组成，股份有限公司的清算组由董事或者股东大会确定的人员组成。逾期不成立清算组进行清算的，债权人可以申请人民法院指定有关人员组成清算组进行清算。人民法院应当受理该申请，并及时组织清算组进行清算。

第一百八十五条 清算组在清算期间行使下列职权：

(一)清理公司财产，分别编制资产负债表和财产清单；

(二)通知、公告债权人；

(三)处理与清算有关的公司未了结的业务；

（四）清缴所欠税款以及清算过程中产生的税款；

（五）清理债权、债务；

（六）处理公司清偿债务后的剩余财产；

（七）代表公司参与民事诉讼活动。

第一百八十六条 清算组应当自成立之日起十日内通知债权人，并于六十日内在报纸上公告。债权人应当自接到通知书之日起三十日内，未接到通知书的自公告之日起四十五日内，向清算组申报其债权。

债权人申报债权，应当说明债权的有关事项，并提供证明材料。清算组应当对债权进行登记。

在申报债权期间，清算组不得对债权人进行清偿。

第一百八十七条 清算组在清理公司财产、编制资产负债表和财产清单后，应当制订清算方案，并报股东会、股东大会或者人民法院确认。

公司财产在分别支付清算费用、职工的工资、社会保险费用和法定补偿金，缴纳所欠税款，清偿公司债务后的剩余财产，有限责任公司按照股东的出资比例分配，股份有限公司按照股东持有的股份比例分配。

清算期间，公司存续，但不得开展与清算无关的经营活动。公司财产在未依照前款规定清偿前，不得分配给股东。

第一百八十八条 清算组在清理公司财产、编制资产负债表和财产清单后，发现公司财产不足清偿债务的，应当依法向人民法院申请宣告破产。

公司经人民法院裁定宣告破产后，清算组应当将清算事务移交给人民法院。

第一百八十九条 公司清算结束后，清算组应当制作清算报告，报股东会、股东大会或者人民法院确认，并报送公司登记机关，申请注销公司登记，公告公司终止。

第一百九十条 清算组成员应当忠于职守，依法履行清算义务。

清算组成员不得利用职权收受贿赂或者其他非法收入，不得侵占公司财产。

清算组成员因故意或者重大过失给公司或者债权人造成损失的，应当承担赔偿责任。

第一百九十一条 公司被依法宣告破产的，依照有关企业破产的法律实施破产清算。

第十一章 外国公司的分支机构

第一百九十二条 本法所称外国公司是指依照外国法律在中国境外设立的公司。

第一百九十三条 外国公司在中国境内设立分支机构，必须向中国主管机关提出申请，并提交其公司章程、所属国的公司登记证书等有关文件，经批准后，向公司登记机关依法办理登记，领取营业执照。

外国公司分支机构的审批办法由国务院另行规定。

第一百九十四条 外国公司在中国境内设立分支机构，必须在中国境内指定负责该分支机构的代表人或者代理人，并向该分支机构拨付与其所从事的经营活动相适应的资金。

对外国公司分支机构的经营资金需要规定最低限额的，由国务院另行规定。

第一百九十五条　外国公司的分支机构应当在其名称中标明该外国公司的国籍及责任形式。

外国公司的分支机构应当在本机构中置备该外国公司章程。

第一百九十六条　外国公司在中国境内设立的分支机构不具有中国法人资格。

外国公司对其分支机构在中国境内进行经营活动承担民事责任。

第一百九十七条　经批准设立的外国公司分支机构，在中国境内从事业务活动，必须遵守中国的法律，不得损害中国的社会公共利益，其合法权益受中国法律保护。

第一百九十八条　外国公司撤销其在中国境内的分支机构时，必须依法清偿债务，依照本法有关公司清算程序的规定进行清算。未清偿债务之前，不得将其分支机构的财产移至中国境外。

第十二章　法律责任

第一百九十九条　违反本法规定，虚报注册资本、提交虚假材料或者采取其他欺诈手段隐瞒重要事实取得公司登记的，由公司登记机关责令改正，对虚报注册资本的公司，处以虚报注册资本金额百分之五以上百分之十五以下的罚款；对提交虚假材料或者采取其他欺诈手段隐瞒重要事实的公司，处以五万元以上五十万元以下的罚款；情节严重的，撤销公司登记或者吊销营业执照。

第二百条　公司的发起人、股东虚假出资，未交付或者未按期交付作为出资的货币或者非货币财产的，由公司登记机关责令改正，处以虚假出资金额百分之五以上百分之十五以下的罚款。

第二百零一条　公司的发起人、股东在公司成立后，抽逃其出资的，由公司登记机关责令改正，处以所抽逃出资金额百分之五以上百分之十五以下的罚款。

第二百零二条　公司违反本法规定，在法定的会计账簿以外另立会计账簿的，由县级以上人民政府财政部门责令改正，处以五万元以上五十万元以下的罚款。

第二百零三条　公司在依法向有关主管部门提供的财务会计报告等材料上作虚假记载或者隐瞒重要事实的，由有关主管部门对直接负责的主管人员和其他直接责任人员处以三万元以上三十万元以下的罚款。

第二百零四条　公司不依照本法规定提取法定公积金的，由县级以上人民政府财政部门责令如数补足应当提取的金额，可以对公司处以二十万元以下的罚款。

第二百零五条　公司在合并、分立、减少注册资本或者进行清算时，不依照本法规定通知或者公告债权人的，由公司登记机关责令改正，对公司处以一万元以上十万元以下的罚款。

公司在进行清算时，隐匿财产，对资产负债表或者财产清单作虚假记载或者在未清偿债务前分配公司财产的，由公司登记机关责令改正，对公司处以隐匿财产或者未清偿债务前分配公司财产金额百分之五以上百分之十以下的罚款；对直接负责的主管人员和其他直接责任人员处以一万元以上十万元以下的罚款。

第二百零六条 公司在清算期间开展与清算无关的经营活动的，由公司登记机关予以警告，没收违法所得。

第二百零七条 清算组不依照本法规定向公司登记机关报送清算报告，或者报送清算报告隐瞒重要事实或者有重大遗漏的，由公司登记机关责令改正。

清算组成员利用职权徇私舞弊、谋取非法收入或者侵占公司财产的，由公司登记机关责令退还公司财产，没收违法所得，并可以处以违法所得一倍以上五倍以下的罚款。

第二百零八条 承担资产评估、验资或者验证的机构提供虚假材料的，由公司登记机关没收违法所得，处以违法所得一倍以上五倍以下的罚款，并可以由有关主管部门依法责令该机构停业，吊销直接责任人员的资格证书，吊销营业执照。

承担资产评估、验资或者验证的机构因过失提供有重大遗漏的报告的，由公司登记机关责令改正，情节较重的，处以所得收入一倍以上五倍以下的罚款，并可以由有关主管部门依法责令该机构停业，吊销直接责任人员的资格证书，吊销营业执照。

承担资产评估、验资或者验证的机构因其出具的评估结果、验资或者验证证明不实，给公司债权人造成损失的，除能够证明自己没有过错的外，在其评估或者证明不实的金额范围内承担赔偿责任。

第二百零九条 公司登记机关对不符合本法规定条件的登记申请予以登记，或者对符合本法规定条件的登记申请不予登记的，对直接负责的主管人员和其他直接责任人员，依法给予行政处分。

第二百一十条 公司登记机关的上级部门强令公司登记机关对不符合本法规定条件的登记申请予以登记，或者对符合本法规定条件的登记申请不予登记的，或者对违法登记进行包庇的，对直接负责的主管人员和其他直接责任人员依法给予行政处分。

第二百一十一条 未依法登记为有限责任公司或者股份有限公司，而冒用有限责任公司或者股份有限公司名义的，或者未依法登记为有限责任公司或者股份有限公司的分公司，而冒用有限责任公司或者股份有限公司的分公司名义的，由公司登记机关责令改正或者予以取缔，可以并处十万元以下的罚款。

第二百一十二条 公司成立后无正当理由超过六个月未开业的，或者开业后自行停业连续六个月以上的，可以由公司登记机关吊销营业执照。

公司登记事项发生变更时，未依照本法规定办理有关变更登记的，由公司登记机关责令限期登记；逾期不登记的，处以一万元以上十万元以下的罚款。

第二百一十三条 外国公司违反本法规定，擅自在中国境内设立分支机构的，由公司登记机关责令改正或者关闭，可以并处五万元以上二十万元以下的罚款。

第二百一十四条 利用公司名义从事危害国家安全、社会公共利益的严重违法行为的，吊销营业执照。

第二百一十五条 公司违反本法规定，应当承担民事赔偿责任和缴纳罚款、罚金的，其财产不足以支付时，先承担民事赔偿责任。

第二百一十六条 违反本法规定，构成犯罪的，依法追究刑事责任。

第十三章 附 则

第二百一十七条 本法下列用语的含义：

（一）高级管理人员，是指公司的经理、副经理、财务负责人，上市公司董事会秘书和公司章程规定的其他人员。

（二）控股股东，是指其出资额占有限责任公司资本总额百分之五十以上或者其持有的股份占股份有限公司股本总额百分之五十以上的股东；出资额或者持有股份的比例虽然不足百分之五十，但依其出资额或者持有的股份所享有的表决权已足以对股东会、股东大会的决议产生重大影响的股东。

（三）实际控制人，是指虽不是公司的股东，但通过投资关系、协议或者其他安排，能够实际支配公司行为的人。

（四）关联关系，是指公司控股股东、实际控制人、董事、监事、高级管理人员与其直接或者间接控制的企业之间的关系，以及可能导致公司利益转移的其他关系。但是，国家控股的企业之间不仅因为同受国家控股而具有关联关系。

第二百一十八条 外商投资的有限责任公司和股份有限公司适用本法；有关外商投资的法律另有规定的，适用其规定。

第二百一十九条 本法自 2006 年 1 月 1 日起施行。

中华人民共和国劳动合同法

（2007 年 6 月 29 日第十届全国人民代表大会常务委员会第二十八次会议通过）

目 录

第七章　法律责任

第八章　附　则

第一章　总　则

第一条　为了完善劳动合同制度，明确劳动合同双方当事人的权利和义务，保护劳动者的合法权益，构建和发展和谐稳定的劳动关系，制定本法。

第二条　中华人民共和国境内的企业、个体经济组织、民办非企业单位等组织（以下称用人单位）与劳动者建立劳动关系，订立、履行、变更、解除或者终止劳动合同，适用本法。

国家机关、事业单位、社会团体和与其建立劳动关系的劳动者，订立、履行、变更、解除或者终止劳动合同，依照本法执行。

第三条　订立劳动合同，应当遵循合法、公平、平等自愿、协商一致、诚实信用的原则。

依法订立的劳动合同具有约束力，用人单位与劳动者应当履行劳动合同约定的义务。

第四条　用人单位应当依法建立和完善劳动规章制度，保障劳动者享有劳动权利、履行劳动义务。

用人单位在制定、修改或者决定有关劳动报酬、工作时间、休息休假、劳动安全卫生、保险福利、职工培训、劳动纪律以及劳动定额管理等直接涉及劳动者切身利益的规章制度或者重大事项时，应当经职工代表大会或者全体职工讨论，提出方案和意见，与工会或者职工代表平等协商确定。

在规章制度和重大事项决定实施过程中，工会或者职工认为不适当的，有权向用人单位提出，通过协商予以修改完善。

用人单位应当将直接涉及劳动者切身利益的规章制度和重大事项决定公示，或者告知劳动者。

第五条　县级以上人民政府劳动行政部门会同工会和企业方面代表，建立健全协调劳动关系三方机制，共同研究解决有关劳动关系的重大问题。

第六条　工会应当帮助、指导劳动者与用人单位依法订立和履行劳动合同，并与用人单位建立集体协商机制，维护劳动者的合法权益。

第二章　劳动合同的订立

第七条　用人单位自用工之日起即与劳动者建立劳动关系。用人单位应当建立职工名册备查。

第八条　用人单位招用劳动者时，应当如实告知劳动者工作内容、工作条件、工作地点、职业危害、安全生产状况、劳动报酬，以及劳动者要求了解的其他情况；用人单位有权了解劳动者与劳动合同直接相关的基本情况，劳动者应当如实说明。

第九条　用人单位招用劳动者，不得扣押劳动者的居民身份证和其他证件，不得要求劳动者提供担保或者以其他名义向劳动者收取财物。

第十条 建立劳动关系，应当订立书面劳动合同。

已建立劳动关系，未同时订立书面劳动合同的，应当自用工之日起一个月内订立书面劳动合同。

用人单位与劳动者在用工前订立劳动合同的，劳动关系自用工之日起建立。

第十一条 用人单位未在用工的同时订立书面劳动合同，与劳动者约定的劳动报酬不明确的，新招用的劳动者的劳动报酬按照集体合同规定的标准执行；没有集体合同或者集体合同未规定的，实行同工同酬。

第十二条 劳动合同分为固定期限劳动合同、无固定期限劳动合同和以完成一定工作任务为期限的劳动合同。

第十三条 固定期限劳动合同，是指用人单位与劳动者约定合同终止时间的劳动合同。

用人单位与劳动者协商一致，可以订立固定期限劳动合同。

第十四条 无固定期限劳动合同，是指用人单位与劳动者约定无确定终止时间的劳动合同。

用人单位与劳动者协商一致，可以订立无固定期限劳动合同。有下列情形之一，劳动者提出或者同意续订、订立劳动合同的，除劳动者提出订立固定期限劳动合同外，应当订立无固定期限劳动合同：

（一）劳动者在该用人单位连续工作满十年的；

（二）用人单位初次实行劳动合同制度或者国有企业改制重新订立劳动合同时，劳动者在该用人单位连续工作满十年且距法定退休年龄不足十年的；

（三）连续订立二次固定期限劳动合同，且劳动者没有本法第三十九条和第四十条第一项、第二项规定的情形，续订劳动合同的。

用人单位自用工之日起满一年不与劳动者订立书面劳动合同的，视为用人单位与劳动者已订立无固定期限劳动合同。

第十五条 以完成一定工作任务为期限的劳动合同，是指用人单位与劳动者约定以某项工作的完成为合同期限的劳动合同。

用人单位与劳动者协商一致，可以订立以完成一定工作任务为期限的劳动合同。

第十六条 劳动合同由用人单位与劳动者协商一致，并经用人单位与劳动者在劳动合同文本上签字或者盖章生效。

劳动合同文本由用人单位和劳动者各执一份。

第十七条 劳动合同应当具备以下条款：

（一）用人单位的名称、住所和法定代表人或者主要负责人；

（二）劳动者的姓名、住址和居民身份证或者其他有效身份证件号码；

（三）劳动合同期限；

（四）工作内容和工作地点；

（五）工作时间和休息休假；

（六）劳动报酬；

（七）社会保险；

（八）劳动保护、劳动条件和职业危害防护；

（九）法律、法规规定应当纳入劳动合同的其他事项。

劳动合同除前款规定的必备条款外，用人单位与劳动者可以约定试用期、培训、保守秘密、补充保险和福利待遇等其他事项。

第十八条 劳动合同对劳动报酬和劳动条件等标准约定不明确，引发争议的，用人单位与劳动者可以重新协商；协商不成的，适用集体合同规定；没有集体合同或者集体合同未规定劳动报酬的，实行同工同酬；没有集体合同或者集体合同未规定劳动条件等标准的，适用国家有关规定。

第十九条 劳动合同期限三个月以上不满一年的，试用期不得超过一个月；劳动合同期限一年以上不满三年的，试用期不得超过二个月；三年以上固定期限和无固定期限的劳动合同，试用期不得超过六个月。

同一用人单位与同一劳动者只能约定一次试用期。

以完成一定工作任务为期限的劳动合同或者劳动合同期限不满三个月的，不得约定试用期。

试用期包含在劳动合同期限内。劳动合同仅约定试用期的，试用期不成立，该期限为劳动合同期限。

第二十条 劳动者在试用期的工资不得低于本单位相同岗位最低档工资或者劳动合同约定工资的百分之八十，并不得低于用人单位所在地的最低工资标准。

第二十一条 在试用期中，除劳动者有本法第三十九条和第四十条第一项、第二项规定的情形外，用人单位不得解除劳动合同。用人单位在试用期解除劳动合同的，应当向劳动者说明理由。

第二十二条 用人单位为劳动者提供专项培训费用，对其进行专业技术培训的，可以与该劳动者订立协议，约定服务期。

劳动者违反服务期约定的，应当按照约定向用人单位支付违约金。违约金的数额不得超过用人单位提供的培训费用。用人单位要求劳动者支付的违约金不得超过服务期尚未履行部分所应分摊的培训费用。

用人单位与劳动者约定服务期的，不影响按照正常的工资调整机制提高劳动者在服务期期间的劳动报酬。

第二十三条 用人单位与劳动者可以在劳动合同中约定保守用人单位的商业秘密和与知识产权相关的保密事项。

对负有保密义务的劳动者，用人单位可以在劳动合同或者保密协议中与劳动者约定竞业限制条款，并约定在解除或者终止劳动合同后，在竞业限制期限内按月给予劳动者经济补偿。劳动者违反竞业限制约定的，应当按照约定向用人单位支付违约金。

第二十四条 竞业限制的人员限于用人单位的高级管理人员、高级技术人员和其他负有保密义务的人员。竞业限制的范围、地域、期限由用人单位与劳动者约定，竞业限制的约定不得违反法律、法规的规定。

在解除或者终止劳动合同后，前款规定的人员到与本单位生产或者经营同类产品、从事同类业务的有竞争关系的其他用人单位，或者自己开业生产或者经营同类产品、从事同类业务的竞业限制期限，不得超过二年。

第二十五条　除本法第二十二条和第二十三条规定的情形外，用人单位不得与劳动者约定由劳动者承担违约金。

第二十六条　下列劳动合同无效或者部分无效：

（一）以欺诈、胁迫的手段或者乘人之危，使对方在违背真实意思的情况下订立或者变更劳动合同的；

（二）用人单位免除自己的法定责任、排除劳动者权利的；

（三）违反法律、行政法规强制性规定的。

对劳动合同的无效或者部分无效有争议的，由劳动争议仲裁机构或者人民法院确认。

第二十七条　劳动合同部分无效，不影响其他部分效力的，其他部分仍然有效。

第二十八条　劳动合同被确认无效，劳动者已付出劳动的，用人单位应当向劳动者支付劳动报酬。劳动报酬的数额，参照本单位相同或者相近岗位劳动者的劳动报酬确定。

第三章　劳动合同的履行和变更

第二十九条　用人单位与劳动者应当按照劳动合同的约定，全面履行各自的义务。

第三十条　用人单位应当按照劳动合同约定和国家规定，向劳动者及时足额支付劳动报酬。

用人单位拖欠或者未足额支付劳动报酬的，劳动者可以依法向当地人民法院申请支付令，人民法院应当依法发出支付令。

第三十一条　用人单位应当严格执行劳动定额标准，不得强迫或者变相强迫劳动者加班。用人单位安排加班的，应当按照国家有关规定向劳动者支付加班费。

第三十二条　劳动者拒绝用人单位管理人员违章指挥、强令冒险作业的，不视为违反劳动合同。

劳动者对危害生命安全和身体健康的劳动条件，有权对用人单位提出批评、检举和控告。

第三十三条　用人单位变更名称、法定代表人、主要负责人或者投资人等事项，不影响劳动合同的履行。

第三十四条　用人单位发生合并或者分立等情况，原劳动合同继续有效，劳动合同由承继其权利和义务的用人单位继续履行。

第三十五条　用人单位与劳动者协商一致，可以变更劳动合同约定的内容。变更劳动合同，应当采用书面形式。

变更后的劳动合同文本由用人单位和劳动者各执一份。

第四章　劳动合同的解除和终止

第三十六条　用人单位与劳动者协商一致，可以解除劳动合同。

第三十七条　劳动者提前三十日以书面形式通知用人单位，可以解除劳动合同。劳动者在试用期内提前三日通知用人单位，可以解除劳动合同。

第三十八条　用人单位有下列情形之一的，劳动者可以解除劳动合同：

（一）未按照劳动合同约定提供劳动保护或者劳动条件的；

（二）未及时足额支付劳动报酬的；

（三）未依法为劳动者缴纳社会保险费的；

（四）用人单位的规章制度违反法律、法规的规定，损害劳动者权益的；

（五）因本法第二十六条第一款规定的情形致使劳动合同无效的；

（六）法律、行政法规规定劳动者可以解除劳动合同的其他情形。

用人单位以暴力、威胁或者非法限制人身自由的手段强迫劳动者劳动的，或者用人单位违章指挥、强令冒险作业危及劳动者人身安全的，劳动者可以立即解除劳动合同，不需事先告知用人单位。

第三十九条　劳动者有下列情形之一的，用人单位可以解除劳动合同：

（一）在试用期间被证明不符合录用条件的；

（二）严重违反用人单位的规章制度的；

（三）严重失职，营私舞弊，给用人单位造成重大损害的；

（四）劳动者同时与其他用人单位建立劳动关系，对完成本单位的工作任务造成严重影响，或者经用人单位提出，拒不改正的；

（五）因本法第二十六条第一款第一项规定的情形致使劳动合同无效的；

（六）被依法追究刑事责任的。

第四十条　有下列情形之一的，用人单位提前三十日以书面形式通知劳动者本人或者额外支付劳动者一个月工资后，可以解除劳动合同：

（一）劳动者患病或者非因工负伤，在规定的医疗期满后不能从事原工作，也不能从事由用人单位另行安排的工作的；

（二）劳动者不能胜任工作，经过培训或者调整工作岗位，仍不能胜任工作的；

（三）劳动合同订立时所依据的客观情况发生重大变化，致使劳动合同无法履行，经用人单位与劳动者协商，未能就变更劳动合同内容达成协议的。

第四十一条　有下列情形之一，需要裁减人员二十人以上或者裁减不足二十人但占企业职工总数百分之十以上的，用人单位提前三十日向工会或者全体职工说明情况，听取工会或者职工的意见后，裁减人员方案经向劳动行政部门报告，可以裁减人员：

（一）依照企业破产法规定进行重整的；

（二）生产经营发生严重困难的；

（三）企业转产、重大技术革新或者经营方式调整，经变更劳动合同后，仍需裁减人员的；

（四）其他因劳动合同订立时所依据的客观经济情况发生重大变化，致使劳动合同无法履行的。

裁减人员时，应当优先留用下列人员：

（一）与本单位订立较长期限的固定期限劳动合同的；

（二）与本单位订立无固定期限劳动合同的；

（三）家庭无其他就业人员，有需要扶养的老人或者未成年人的。

用人单位依照本条第一款规定裁减人员，在六个月内重新招用人员的，应当通知被裁减的人员，并在同等条件下优先招用被裁减的人员。

第四十二条　劳动者有下列情形之一的，用人单位不得依照本法第四十条、第四十一条的规定解除劳动合同：

（一）从事接触职业病危害作业的劳动者未进行离岗前职业健康检查，或者疑似职业病病人在诊断或者医学观察期间的；

（二）在本单位患职业病或者因工负伤并被确认丧失或者部分丧失劳动能力的；

（三）患病或者非因工负伤，在规定的医疗期内的；

（四）女职工在孕期、产期、哺乳期的；

（五）在本单位连续工作满十五年，且距法定退休年龄不足五年的；

（六）法律、行政法规规定的其他情形。

第四十三条　用人单位单方解除劳动合同，应当事先将理由通知工会。用人单位违反法律、行政法规规定或者劳动合同约定的，工会有权要求用人单位纠正。用人单位应当研究工会的意见，并将处理结果书面通知工会。

第四十四条　有下列情形之一的，劳动合同终止：

（一）劳动合同期满的；

（二）劳动者开始依法享受基本养老保险待遇的；

（三）劳动者死亡，或者被人民法院宣告死亡或者宣告失踪的；

（四）用人单位被依法宣告破产的；

（五）用人单位被吊销营业执照、责令关闭、撤销或者用人单位决定提前解散的；

（六）法律、行政法规规定的其他情形。

第四十五条　劳动合同期满，有本法第四十二条规定情形之一的，劳动合同应当续延至相应的情形消失时终止。但是，本法第四十二条第二项规定丧失或者部分丧失劳动能力劳动者的劳动合同的终止，按照国家有关工伤保险的规定执行。

第四十六条　有下列情形之一的，用人单位应当向劳动者支付经济补偿：

（一）劳动者依照本法第三十八条规定解除劳动合同的；

（二）用人单位依照本法第三十六条规定向劳动者提出解除劳动合同并与劳动者协商一致解除劳动合同的；

（三）用人单位依照本法第四十条规定解除劳动合同的；

（四）用人单位依照本法第四十一条第一款规定解除劳动合同的；

（五）除用人单位维持或者提高劳动合同约定条件续订劳动合同，劳动者不同意续订的情形外，依照本法第四十四条第一项规定终止固定期限劳动合同的；

（六）依照本法第四十四条第四项、第五项规定终止劳动合同的；

（七）法律、行政法规规定的其他情形。

第四十七条 经济补偿按劳动者在本单位工作的年限，每满一年支付一个月工资的标准向劳动者支付。六个月以上不满一年的，按一年计算；不满六个月的，向劳动者支付半个月工资的经济补偿。

劳动者月工资高于用人单位所在直辖市、设区的市级人民政府公布的本地区上年度职工月平均工资三倍的，向其支付经济补偿的标准按职工月平均工资三倍的数额支付，向其支付经济补偿的年限最高不超过十二年。

本条所称月工资是指劳动者在劳动合同解除或者终止前十二个月的平均工资。

第四十八条 用人单位违反本法规定解除或者终止劳动合同，劳动者要求继续履行劳动合同的，用人单位应当继续履行；劳动者不要求继续履行劳动合同或者劳动合同已经不能继续履行的，用人单位应当依照本法第八十七条规定支付赔偿金。

第四十九条 国家采取措施，建立健全劳动者社会保险关系跨地区转移接续制度。

第五十条 用人单位应当在解除或者终止劳动合同时出具解除或者终止劳动合同的证明，并在十五日内为劳动者办理档案和社会保险关系转移手续。

劳动者应当按照双方约定，办理工作交接。用人单位依照本法有关规定应当向劳动者支付经济补偿的，在办结工作交接时支付。

用人单位对已经解除或者终止的劳动合同的文本，至少保存二年备查。

第五章　特别规定

第一节　集体合同

第五十一条 企业职工一方与用人单位通过平等协商，可以就劳动报酬、工作时间、休息休假、劳动安全卫生、保险福利等事项订立集体合同。集体合同草案应当提交职工代表大会或者全体职工讨论通过。

集体合同由工会代表企业职工一方与用人单位订立；尚未建立工会的用人单位，由上级工会指导劳动者推举的代表与用人单位订立。

第五十二条 企业职工一方与用人单位可以订立劳动安全卫生、女职工权益保护、工资调整机制等专项集体合同。

第五十三条 在县级以下区域内，建筑业、采矿业、餐饮服务业等行业可以由工会与企业方面代表订立行业性集体合同，或者订立区域性集体合同。

第五十四条　集体合同订立后，应当报送劳动行政部门；劳动行政部门自收到集体合同文本之日起十五日内未提出异议的，集体合同即行生效。

依法订立的集体合同对用人单位和劳动者具有约束力。行业性、区域性集体合同对当地本行业、本区域的用人单位和劳动者具有约束力。

第五十五条　集体合同中劳动报酬和劳动条件等标准不得低于当地人民政府规定的最低标准；用人单位与劳动者订立的劳动合同中劳动报酬和劳动条件等标准不得低于集体合同规定的标准。

第五十六条　用人单位违反集体合同，侵犯职工劳动权益的，工会可以依法要求用人单位承担责任；因履行集体合同发生争议，经协商解决不成的，工会可以依法申请仲裁、提起诉讼。

第二节　劳务派遣

第五十七条　劳务派遣单位应当依照公司法的有关规定设立，注册资本不得少于五十万元。

第五十八条　劳务派遣单位是本法所称用人单位，应当履行用人单位对劳动者的义务。劳务派遣单位与被派遣劳动者订立的劳动合同，除应当载明本法第十七条规定的事项外，还应当载明被派遣劳动者的用工单位以及派遣期限、工作岗位等情况。

劳务派遣单位应当与被派遣劳动者订立二年以上的固定期限劳动合同，按月支付劳动报酬；被派遣劳动者在无工作期间，劳务派遣单位应当按照所在地人民政府规定的最低工资标准，向其按月支付报酬。

第五十九条　劳务派遣单位派遣劳动者应当与接受以劳务派遣形式用工的单位（以下称用工单位）订立劳务派遣协议。劳务派遣协议应当约定派遣岗位和人员数量、派遣期限、劳动报酬和社会保险费的数额与支付方式以及违反协议的责任。

用工单位应当根据工作岗位的实际需要与劳务派遣单位确定派遣期限，不得将连续用工期限分割订立数个短期劳务派遣协议。

第六十条　劳务派遣单位应当将劳务派遣协议的内容告知被派遣劳动者。

劳务派遣单位不得克扣用工单位按照劳务派遣协议支付给被派遣劳动者的劳动报酬。

劳务派遣单位和用工单位不得向被派遣劳动者收取费用。

第六十一条　劳务派遣单位跨地区派遣劳动者的，被派遣劳动者享有的劳动报酬和劳动条件，按照用工单位所在地的标准执行。

第六十二条　用工单位应当履行下列义务：

（一）执行国家劳动标准，提供相应的劳动条件和劳动保护；

（二）告知被派遣劳动者的工作要求和劳动报酬；

（三）支付加班费、绩效奖金，提供与工作岗位相关的福利待遇；

（四）对在岗被派遣劳动者进行工作岗位所必需的培训；

(五)连续用工的,实行正常的工资调整机制。

用工单位不得将被派遣劳动者再派遣到其他用人单位。

第六十三条 被派遣劳动者享有与用工单位的劳动者同工同酬的权利。用工单位无同类岗位劳动者的,参照用工单位所在地相同或者相近岗位劳动者的劳动报酬确定。

第六十四条 被派遣劳动者有权在劳务派遣单位或者用工单位依法参加或者组织工会,维护自身的合法权益。

第六十五条 被派遣劳动者可以依照本法第三十六条、第三十八条的规定与劳务派遣单位解除劳动合同。

被派遣劳动者有本法第三十九条和第四十条第一项、第二项规定情形的,用工单位可以将劳动者退回劳务派遣单位,劳务派遣单位依照本法有关规定,可以与劳动者解除劳动合同。

第六十六条 劳务派遣一般在临时性、辅助性或者替代性的工作岗位上实施。

第六十七条 用人单位不得设立劳务派遣单位向本单位或者所属单位派遣劳动者。

第三节 非全日制用工

第六十八条 非全日制用工,是指以小时计酬为主,劳动者在同一用人单位一般平均每日工作时间不超过四小时,每周工作时间累计不超过二十四小时的用工形式。

第六十九条 非全日制用工双方当事人可以订立口头协议。

从事非全日制用工的劳动者可以与一个或者一个以上用人单位订立劳动合同;但是,后订立的劳动合同不得影响先订立的劳动合同的履行。

第七十条 非全日制用工双方当事人不得约定试用期。

第七十一条 非全日制用工双方当事人任何一方都可以随时通知对方终止用工。终止用工,用人单位不向劳动者支付经济补偿。

第七十二条 非全日制用工小时计酬标准不得低于用人单位所在地人民政府规定的最低小时工资标准。

非全日制用工劳动报酬结算支付周期最长不得超过十五日。

第六章 监督检查

第七十三条 国务院劳动行政部门负责全国劳动合同制度实施的监督管理。

县级以上地方人民政府劳动行政部门负责本行政区域内劳动合同制度实施的监督管理。

县级以上各级人民政府劳动行政部门在劳动合同制度实施的监督管理工作中,应当听取工会、企业方面代表以及有关行业主管部门的意见。

第七十四条 县级以上地方人民政府劳动行政部门依法对下列实施劳动合同制度的情况进行监督检查:

(一)用人单位制定直接涉及劳动者切身利益的规章制度及其执行的情况;

（二）用人单位与劳动者订立和解除劳动合同的情况；

（三）劳务派遣单位和用工单位遵守劳务派遣有关规定的情况；

（四）用人单位遵守国家关于劳动者工作时间和休息休假规定的情况；

（五）用人单位支付劳动合同约定的劳动报酬和执行最低工资标准的情况；

（六）用人单位参加各项社会保险和缴纳社会保险费的情况；

（七）法律、法规规定的其他劳动监察事项。

第七十五条　县级以上地方人民政府劳动行政部门实施监督检查时，有权查阅与劳动合同、集体合同有关的材料，有权对劳动场所进行实地检查，用人单位和劳动者都应当如实提供有关情况和材料。

劳动行政部门的工作人员进行监督检查，应当出示证件，依法行使职权，文明执法。

第七十六条　县级以上人民政府建设、卫生、安全生产监督管理等有关主管部门在各自职责范围内，对用人单位执行劳动合同制度的情况进行监督管理。

第七十七条　劳动者合法权益受到侵害的，有权要求有关部门依法处理，或者依法申请仲裁、提起诉讼。

第七十八条　工会依法维护劳动者的合法权益，对用人单位履行劳动合同、集体合同的情况进行监督。用人单位违反劳动法律、法规和劳动合同、集体合同的，工会有权提出意见或者要求纠正；劳动者申请仲裁、提起诉讼的，工会依法给予支持和帮助。

第七十九条　任何组织或者个人对违反本法的行为都有权举报，县级以上人民政府劳动行政部门应当及时核实、处理，并对举报有功人员给予奖励。

第七章　法律责任

第八十条　用人单位直接涉及劳动者切身利益的规章制度违反法律、法规规定的，由劳动行政部门责令改正，给予警告；给劳动者造成损害的，应当承担赔偿责任。

第八十一条　用人单位提供的劳动合同文本未载明本法规定的劳动合同必备条款或者用人单位未将劳动合同文本交付劳动者的，由劳动行政部门责令改正；给劳动者造成损害的，应当承担赔偿责任。

第八十二条　用人单位自用工之日起超过一个月不满一年未与劳动者订立书面劳动合同的，应当向劳动者每月支付二倍的工资。

用人单位违反本法规定不与劳动者订立无固定期限劳动合同的，自应当订立无固定期限劳动合同之日起向劳动者每月支付二倍的工资。

第八十三条　用人单位违反本法规定与劳动者约定试用期的，由劳动行政部门责令改正；违法约定的试用期已经履行的，由用人单位以劳动者试用期满月工资为标准，按已经履行的超过法定试用期的期间向劳动者支付赔偿金。

第八十四条　用人单位违反本法规定，扣押劳动者居民身份证等证件的，由劳动行政部门责令限期退还劳动者本人，并依照有关法律规定给予处罚。

用人单位违反本法规定，以担保或者其他名义向劳动者收取财物的，由劳动行政部门责令限期退还劳动者本人，并以每人五百元以上二千元以下的标准处以罚款；给劳动者造成损害的，应当承担赔偿责任。

劳动者依法解除或者终止劳动合同，用人单位扣押劳动者档案或者其他物品的，依照前款规定处罚。

第八十五条 用人单位有下列情形之一的，由劳动行政部门责令限期支付劳动报酬、加班费或者经济补偿；劳动报酬低于当地最低工资标准的，应当支付其差额部分；逾期不支付的，责令用人单位按应付金额百分之五十以上百分之一百以下的标准向劳动者加付赔偿金：

（一）未按照劳动合同的约定或者国家规定及时足额支付劳动者劳动报酬的；

（二）低于当地最低工资标准支付劳动者工资的；

（三）安排加班不支付加班费的；

（四）解除或者终止劳动合同，未依照本法规定向劳动者支付经济补偿的。

第八十六条 劳动合同依照本法第二十六条规定被确认无效，给对方造成损害的，有过错的一方应当承担赔偿责任。

第八十七条 用人单位违反本法规定解除或者终止劳动合同的，应当依照本法第四十七条规定的经济补偿标准的二倍向劳动者支付赔偿金。

第八十八条 用人单位有下列情形之一的，依法给予行政处罚；构成犯罪的，依法追究刑事责任；给劳动者造成损害的，应当承担赔偿责任：

（一）以暴力、威胁或者非法限制人身自由的手段强迫劳动的；

（二）违章指挥或者强令冒险作业危及劳动者人身安全的；

（三）侮辱、体罚、殴打、非法搜查或者拘禁劳动者的；

（四）劳动条件恶劣、环境污染严重，给劳动者身心健康造成严重损害的。

第八十九条 用人单位违反本法规定未向劳动者出具解除或者终止劳动合同的书面证明，由劳动行政部门责令改正；给劳动者造成损害的，应当承担赔偿责任。

第九十条 劳动者违反本法规定解除劳动合同，或者违反劳动合同中约定的保密义务或者竞业限制，给用人单位造成损失的，应当承担赔偿责任。

第九十一条 用人单位招用与其他用人单位尚未解除或者终止劳动合同的劳动者，给其他用人单位造成损失的，应当承担连带赔偿责任。

第九十二条 劳务派遣单位违反本法规定的，由劳动行政部门和其他有关主管部门责令改正；情节严重的，以每人一千元以上五千元以下的标准处以罚款，并由工商行政管理部门吊销营业执照；给被派遣劳动者造成损害的，劳务派遣单位与用工单位承担连带赔偿责任。

第九十三条 对不具备合法经营资格的用人单位的违法犯罪行为，依法追究法律责任；劳动者已经付出劳动的，该单位或者其出资人应当依照本法有关规定向劳动者支付劳动报酬、经济补偿、赔偿金；给劳动者造成损害的，应当承担赔偿责任。

参考文献

[1]刘立存，王鑫，王立宏.影响大学生就业的主要因素及对策田.华北煤炭医学院学报，2009 (01)

[2]迟灵.大学生就业心理问题分析及其自我调适Ⅱ.经济视角，2009(03)

[3]黄昌建.大学生职业生涯规划研究.西南大学硕士学位论文，2006(6)

[4]尹玉斌.浅议毕业生择业人职匹配原则.高等工程教育研究，2007(增刊)

[5]刘华山.学校心理辅导.合肥：安徽人民出版社，2003

[6]教育部全国高等学校毕业生就业指导中心.大学生就业指导.北京：高等教育出版社，1999

[7]赵北平.大学生涯规划与职业发展.武汉：武汉大学出版社，2006

[8]汪莉.职业生涯规划与管理.北京：中国华侨出版社，2008

[9]唐凯麟，蒋乃平.职业道德与职业指导(修订版).北京：高等教育出版社，2001

[10]李军.职业生涯规划与就业指导.北京：中国广播电视出版社，2008

[11]姚裕群.职业生涯规划与发展.2版.北京：首都经济贸易大学出版社，2007

[12]劳动和社会保障部培训就业司中国就业培训技术指导中心.创新职业指导——新操作.北京：中国劳动社会保障出版社，2007

[13]杨晓夫，汤守宏.高职大学生就业指导.北京：中华书局，2008

[14]中华人民共和国教育部高等教育司，全国高职高专校长联席会.纵横职场——高等职业教育学生就业与创业指导.北京：，高等教育出版社，2004

[15]温树田.就业与创业指导.北京：人民卫生出版社，2003

[16]李云海.大学生职业发展规划与就业指导.北京：航空工业出版社，2010

[17]牧之.毕业生5年是个坎.北京：电子工业出版社，2010

[18]汪漪.职场路线图：人力资源总监手记.北京：语文出版社，2010

[19]詹万生.职业道德与职业指导.北京：教育科学出版社，2001

第九十四条　个人承包经营违反本法规定招用劳动者，给劳动者造成损害的，发包的组织与个人承包经营者承担连带赔偿责任。

第九十五条　劳动行政部门和其他有关主管部门及其工作人员玩忽职守、不履行法定职责，或者违法行使职权，给劳动者或者用人单位造成损害的，应当承担赔偿责任；对直接负责的主管人员和其他直接责任人员，依法给予行政处分；构成犯罪的，依法追究刑事责任。

第八章　附　则

第九十六条　事业单位与实行聘用制的工作人员订立、履行、变更、解除或者终止劳动合同，法律、行政法规或者国务院另有规定的，依照其规定；未作规定的，依照本法有关规定执行。

第九十七条　本法施行前已依法订立且在本法施行之日存续的劳动合同，继续履行；本法第十四条第二款第三项规定连续订立固定期限劳动合同的次数，自本法施行后续订固定期限劳动合同时开始计算。

本法施行前已建立劳动关系，尚未订立书面劳动合同的，应当自本法施行之日起一个月内订立。

本法施行之日存续的劳动合同在本法施行后解除或者终止，依照本法第四十六条规定应当支付经济补偿的，经济补偿年限自本法施行之日起计算；本法施行前按照当时有关规定，用人单位应当向劳动者支付经济补偿的，按照当时有关规定执行。

第九十八条　本法自2008年1月1日起施行。